AF476197

MINISTÈRE DES TRAVAUX PUBLICS

COMMISSION SUPÉRIEURE

POUR

L'AMÉNAGEMENT ET L'UTILISATION

DES EAUX

DEUXIÈME SOUS-COMMISSION

II

PARIS
IMPRIMERIE CENTRALE DES CHEMINS DE FER
A. CHAIX & Cie
RUE BERGÈRE, 20, PRÈS DU BOULEVARD MONTMARTRE
1879

DEUXIÈME PARTIE

EAUX D'ÉGOUTS ET LIQUIDES INDUSTRIELS

Paris, le 15 mars 1879.

MESSIEURS,

C'est par une sage et utile répartition du travail que, suivant les indications fournies par M. le ministre lui-même, vous avez confié à votre deuxième sous-commission l'étude des questions relatives à l'alimentation des communes en eau potable et de celles qui touchent à l'épuration des eaux d'égout.

En effet, considérées au point de vue du rôle qu'elles sont appelées à jouer dans les conditions sociales, les eaux se présentent sous deux aspects différents et connexes à la fois. A l'état de pureté, elles sont une source de vie ; car, de leur abondance ou de leur insuffisance dépendent la salubrité et la santé publique. A l'état de corruption, elles deviennent un danger, une menace de mort, et l'hygiène publique réclame impérieusement leur épuration.

Le devoir des municipalités ne consiste donc pas seulement à doter leurs habitants d'eaux pures et salubres : cette œuvre n'est en effet que la première partie de leur tâche. Elles doivent encore se préoccuper des transformations que des affectations diverses font subir à ces eaux ; elles doivent songer que sur les quantités d'eaux dérivées des sources ou puisées dans les fleuves ou rivières, un volume infiniment petit disparaît absorbé par les individus ou décomposé par des influences naturelles ou artificielles ; elles ne doivent pas oublier que les masses d'eau momentanément détournées de leur cours, pour être employées à des usages que multiplie chaque jour une civilisation se développant sans cesse, sont bientôt rendues à la circulation et à la consommation, augmentées dans leur volume par les pluies du ciel, mais troublées en même temps par un mélange de sables et de boues, polluées par des détritus de toute sorte, chargées de déjections alvines, infestées par des matières organiques en décomposition, empoisonnées parfois par des produits industriels des plus toxiques et constituant ainsi, par leur état d'impureté, un véritable danger auquel les intérêts en jeu imposent à l'autorité publique l'obligation de porter remède.

Dans un rapport à M. le préfet de police, en date du 23 octobre 1874, M. Boudet, membre du conseil d'Hygiène publique et de Salubrité, s'exprimait ainsi ;

« La Seine, devenue un vaste foyer de fermentation et d'in-
» fection, n'offre plus, dans une partie de son cours, qu'une
» eau impropre à tous les usages et à la vie des poissons,
» exhalant dans l'atmosphère des émanations malsaines pour
» les populations riveraines et pour les mariniers, et offrant
» aux portes de la capitale un spectacle repoussant. Ce sys-
» tème est donc contraire aux lois de l'hygiène ; il ne l'est
» pas moins à celles de la nature.

» Le sol et l'atmosphère entretiennent la végétation à la sur-
» face de la terre. Les végétaux entretiennent la vie des
» hommes et des animaux, qui doivent rendre au sol et à
» l'atmosphère les éléments fertilisants d'une végétation
» nouvelle, et ainsi se maintient le cycle de la vie.

» Partout où la nature n'est pas entravée, la terre reçoit,
» absorbe et consomme les déjections de la vie animale et les
» emploie au profit de la vie végétale ; c'est donc dans le sol,
» et non dans nos fleuves et nos rivières, qu'il faut enfouir
» ces résidus de la vie animale qui, dans les eaux, deviennent
» une source de putréfaction, aux dépens du sol qui les

» réclame, tandis que dans la terre ils sont une source de » fécondité. »

Ce court aperçu, Messieurs, résume à la fois l'ensemble de la question des eaux d'égout et les différents points de vue que votre sous-commission à eu à envisager et les solutions qu'elle a cru devoir soumettre à votre approbation.

La nécessité de résoudre promptement certaines difficultés actuellement pendantes, a inspiré à votre sous-commission le désir de ne pas laisser clore votre première session, sans vous proposer les mesures qui lui paraissent de nature à porter remède à un mal qui préoccupe depuis longtemps et à juste titre l'administration, jalouse des intérêts de l'hygiène et de la salubrité publiques.

Nous aurions été heureux de pouvoir placer sous vos yeux les documents que la sous-commission a examinés et dont l'analyse eût été comme l'historique de cette question nouvelle ; nous aurions tenu à honneur de retracer ici, dans les limites de nos faibles forces, les intéressantes discussions qui n'ont pas occupé moins de douze séances, et qui, empruntant un vif éclat à la présence de savants aussi illustres que MM. Chevreul et Dumas, ont jeté la lumière sur un sujet brûlant d'actualité et dont la science moderne ne cesse de s'occuper en France comme à l'étranger. Mais le temps pressait et, tout en conservant l'espoir que notre insuffisance trouvera une excuse dans la mission que nous avons reçue de faire vite, nous nous efforcerons de mettre en relief les points saillants du projet de résolutions qui vous est proposé et d'indiquer à grands traits les raisons de décider qui ont inspiré votre sous-commission.

Les données du problème sont celles-ci :

D'une part, les eaux courantes sont destinées à servir à l'alimentation des hommes et des animaux; il importe dès lors de les préserver de toute cause de corruption de nature à développer des germes nocifs;

D'autre part, par la force même des choses, les eaux polluées par l'usage se mêlent aux nappes, rivières ou fleuves environnants, soit qu'abandonnées à leur cours naturel elles pénètrent dans le sol par infiltrations, soit que, dirigées par le soin des particuliers ou canalisées aux frais des communes, elles soient projetées dans les cours d'eau.

Il y a plus, la salubrité exige, dans les centres de population, la construction d'égouts, dont le but est de débarrasser la ville des immondices de tout genre, des boues et des ordures de la voie publique, des eaux ménagères et industrielles et fréquemment d'une partie des déjections des habitants en projetant tous ces résidus dans les cours d'eau.

De telle sorte que les mesures utilement prises pour protéger la santé d'une partie de la population du territoire sont une source de dangers pour l'autre partie.

C'est à cette situation inquiétante que votre Sous-Commission vous propose de porter remède :

1° Par une réglementation basée sur ce principe général que nul n'a le droit d'encombrer, de souiller ou de corrompre les eaux courantes, et sanctionnée par des pénalités assez élevées pour garantir l'efficacité des prescriptions édictées dans un intérêt de premier ordre ;

2° Par l'obligation imposée aux municipalités de ne projeter les eaux d'égout dans les cours d'eau qu'après les avoir dépouillées, au moyen des procédés d'épuration les plus pratiques, des éléments dangereux qu'elles renferment et qu'aucune réglementation ne saurait proscrire, parce que leur production est la conséquence nécessaire des divers usages auxquels l'eau est destinée, parce qu'elle est la raison d'être des égouts eux-mêmes.

RÉGLEMENTATION

L'article 1er, Messieurs, porte interdiction d'entraver le libre cours des eaux ou d'en altérer la pureté : il vise les communes aussi bien que les particuliers ; de telle sorte que les articles suivants ne sont que des applications particulières aux unes et aux autres de ce principe général qui forme comme le frontispice du projet à savoir, qu'il est défendu de jeter dans les cours d'eau des matières encombrantes, des immondices et déjections quelconques de nature à rendre les eaux insalubres ou impropres aux usages domestiques.

Ces dispositions n'ont pas d'ailleurs, dans la pensée de votre Sous-Commission, le caractère d'une simple déclaration de principes. Si elles se bornent à consacrer les mesures prohibitives qu'il appartient actuellement à l'autorité administrative d'édicter, dans l'exercice de son pouvoir de police, elles constituent une innovation importante au point de vue de la sanction que le projet propose de donner aux règlements à intervenir pour assurer son exécution.

En effet, les articles 13, 14, 15 et 16 règlent le mode de constatation des contraventions et transforment les pénalités qu'entraîne aujourd'hui l'application du n° 15 de l'article 471 du Code pénal, en une amende, variant de 16 à 300 francs et pouvant atteindre, en cas de récidive, le chiffre de 500 fr.; les contrevenants peuvent être, en outre, condamnés à des dommages-intérêts qui ont le double caractère d'une amende et d'une réparation.

En cas de récidive, l'amende peut atteindre le chiffre de 500 francs, et les contrevenants deviennent alors passibles de la peine de l'emprisonnement

Nous avons tenu à indiquer immédiatement cette innovation essentielle du projet, qui met en relief la portée de l'article 1er, avant d'aborder l'examen des articles suivants, qui ne sont que le développement logique du principe préalablement posé.

COURS D'EAU
Versement des liquides industriels.

Parmi les causes d'infection des fleuves et rivières, la plus dangereuse, assurément, consiste dans l'envoi aux cours d'eau des liquides provenant des usines ou résultant de l'emploi des procédés industriels. Les déjections auxquelles donnent lieu la fabrication ou l'usage de produits chimiques ont la plupart du temps une influence délétère, et les eaux qui les reçoivent ne tardent pas à devenir impropres à la vie végétale ou animale.

Pour ne citer que quelques exemples, la fabrication du sel de soude nécessite la consommation de pyrites dont les résidus sont de nature à vicier les eaux auxquelles ils sont mêlés (1).

(1) Ces renseignements sont extraits de l'exposé fait par M. le sénateur Scheurer-Kestner dans la séance du 24 février 1879.

L'industrie de la laine donne également naissance à des détritus dont la présence dans les cours d'eau constitue un danger pour la salubrité publique. En effet, le lavage du suin rejette dans les eaux des matières organiques dont la décomposition détruit la vie, exale une odeur fétide et compromet la santé des hommes.

Les amidonneries et les féculeries projettent aussi des résidus liquides dont l'odeur infecte est due à la fermentation provenant de la formation d'acides supérieurs et qui séjournant avec les détritus solides, puis rejetés ensuite dans les cours d'eau, sont de nature à en altérer la pureté de la façon la plus dangereuse.

Votre deuxième Commission ne pouvait non plus ignorer les dangers qu'offrent, au point devue des eaux courantes, la fabrication de la colle, la fabrication des couleurs qui, comme le rouge d'aniline, exigent, pour leur préparation, des quantités considérables d'arsenic, et enfin le décapage des métaux opéré au moyen de l'acide sulfurique.

Elle a cherché à préserver les cours d'eau des causes de pollution morbide qui découlent naturellement de l'exercice de certaines industries, tout en évitant d'apporter à ces dernières des entraves pouvant nuire à leur développement. Elle s'est inspirée d'ailleurs de l'exemple de l'Angleterre, où une règlementation récente pourvoit aux exigences de l'hygiène, sans soulever aucune réclamation de la part des industriels et à la plus grande satisfaction de tous les intérêts. Il convient d'ajouter que de l'avis des hommes spéciaux les plus expérimentés, des réactions chimiques intelligemment employées permettraient presque toujours aux industriels de tirer un parti lucratif des déchets liquides et solides qui, projetés dans les fleuves ou rivières, constituent à la fois un manque à gagner pour celui qui les laisse échapper, et une source d'infection pour les eaux qui les reçoivent.

Cette dernière considération, Messieurs, était de nature à calmer bien des scrupules, et votre Sous-Commission n'hésite pas à vous proposer l'adoption de l'article 2 qui est ainsi conçu :

« Les liquides ou solides provenant d'une usine ou résul- » tant de l'emploi de procédés industriels ne pourront

» être écoulés qu'après avoir été traités par les moyens pratiques les plus efficaces pour rendre inoffensive la projection dans les cours d'eau des matières dangereuses, insalubres, infectes ou incommodes. »

Quels seront ces moyens de traitement, Messieurs? C'est là un point qu'il n'appartenait pas à la Sous-Commission de trancher. Elle s'est bornée à indiquer, à l'article 6, les autorités qui devront être consultées et dont la compétence incontestable est un sûr garant du soin avec lequel la question sera examinée et résolue au point de vue de la pureté des eaux.

Cette réglementation ne constitue d'ailleurs pas une innovation; car de tout temps l'autorité administrative s'est efforcée d'éviter, par des mesures prohibitives, la pollution des cours d'eau au moyen des résidus de l'industrie. Nous n'en voulons pour preuve que cette disposition de l'arrêt du Conseil du Roi en date du 26 février 1732, relatif à la Bièvre :

« Aux frais des propriétaires des maisons habitées par les » teinturiers il sera en chacune desdites maisons, fait un trou » suffisant pour y décharger et rassembler les vidanges de » leurs manufactures de teinture, en sorte qu'elles ne puissent » avoir aucune communication au lit de ladite rivière, si » ce n'est par l'écoulement des eaux claires et épurées qui » pourront sortir par-dessus les bords du dit trou, lequel » sera vidé de huitaine en huitaine et les dites vidanges » enlevées et conduites à la campagne. »

Vous le voyez, Messieurs, les bassins de décantation étaient déjà prescrits en l'an 1732, et, si dans la naïveté de leur langage vos devanciers leur donnaient le nom modeste de trou, le résultat utile était obtenu ou du moins le chemin était tracé : les découvertes de la science moderne ont facilité l'application d'idées déjà fort anciennes et aujourd'hui il est possible de préserver les cours d'eau en soumettant les usines, suivant les cas, au drainage, à la désinfection des produits, à l'emploi de la chaux ou du charbon, à la neutralisation des acides, à l'établissement des grilles pour retenir les solides, à des moyens de condensation énergiques et à tous autres procédés d'épuration révélés par les travaux des savants.

Sans doute actuellement déjà, ces précautions sont la plupart du temps ordonnées : mais, l'insuffisance des pénalités encourues en cas de contravention, l'absence d'un service d'inspection, veillant à l'exécution des dispositions édictées, laissent l'administration désarmée et les règlements de police sont, en somme, pour ainsi dire, lettre morte.

Nous vous avons déjà indiqué, Messieurs, que la Commission espère avoir réalisé une première réforme utile, en élevant les pénalités et en donnant ainsi à la réglementation une sanction plus efficace.

Elle ne s'est pas arrêtée à cette première amélioration. Elle a voulu que l'Administration eût à sa disposition les moyens d'assurer l'exécution des prescriptions qui lui auront été dictées par l'intérêt de la salubrité : et elle a pensé que, dans cet ordre d'idées, la meilleure mesure serait la création d'un service d'inspection fonctionnant régulièrement, et dont la direction serait confiée à des fonctionnaires d'un ordre assez élevé pour garantir à la fois l'Administration contre un manque de contrôle et les industriels contre une surveillance abusive ou tracassière.

Telle est la portée du 1er paragraphe de l'article 6, qui place le service d'inspection entre les mains des ingénieurs ou des agents voyers et échappe ainsi au reproche qu'aurait pu encourir une disposition portant création d'un personnel nouveau et et entraînant une dépense nouvelle à la charge du trésor public.

A quelles règles de procédure, convenait-il, Messieurs, de soumettre les industriels? Fallait-il adopter le système de l'autorisation préalable ou le système de la simple déclaration ? C'est là, messieurs, un point dont l'importance ne vous échappera pas. Car, s'il est hors de doute que la réglementation doive s'appliquer aux usines à créer comme aux établissements anciens, il y a lieu d'atténuer, dans la mesure du possible, les entraves qui pourraient arrêter le développement de l'industrie, en rendant plus difficile, partant plus rare, l'établissement d'usines nouvelles.

Votre Sous-Commission n'a pas entendu trancher définitivement cette question. Laissant ce soin à l'Administration et au Conseil d'État, elle s'est bornée à indiquer que, dans sa pensée, pour les établissements industriels nouveaux, il y aurait utilité à modifier le décret du 15 octobre 1810, afin que l'autorité chargée d'examiner quels sont les inconvénients que présente un établissement industriel au point de vue de l'odeur, du bruit, des dangers d'explosion, etc., envisageât en même temps la question au point de vue des eaux environnantes, et imposât au moment même de l'autorisation toutes les conditions jugées nécessaires pour sauvegarder tous les intérêts et pour préserver les eaux des causes d'infection au même titre que l'atmosphère.

Cette disposition, qui fait l'objet du deuxième paragraphe de l'article 2, a été inspirée par le désir d'éviter autant que possible à l'industrie le trouble et la gêne que pourrait lui causer une double réglementation appliquée à des époques différentes, par des autorités différentes. Elle tend à éviter qu'un industriel, après avoir obtenu une autorisation pour la construction d'un établissement dangereux, incommode ou insalubre, et croyant avoir rempli toutes les obligations, en se conformant au décret de 1810, se vît contraint, peu de temps après, à changer l'aménagement de son usine, au prix parfois des plus grands sacrifices, pour satisfaire aux réglements spéciaux édictés en vue de protéger les cours d'eau.

C'est dans le même ordre d'idées que la Sous-Commission a voulu que les règlements d'eau fussent rédigés de manière à faire connaître à l'avance aux usiniers concessionnaires ou permissionnaires toutes les obligations qui leur sont imposées, en vue des divers intérêts dont la sauvegarde est confiée à l'Administration.

La Sous-Commission n'ignorait pas que les modèles de prise d'eau actuellement en vigueur pour les cours d'eau navigables et flottables, contiennent une clause qui répond à cette pensée; mais elle a cru nécessaire d'indiquer qu'il y aurait lieu de généraliser cette pratique de l'administration supérieure et de préciser davantage les mesures propres à rendre aux eaux leur état de pureté primitive.

D'ailleurs, Messieurs, les autorités compétentes pour accorder les autorisations, n'auront, dans tous les cas, qu'à faire l'application des règlements préparés en vue d'indiquer les mesures protectrices à prendre, et ici la Sous-Commission a pensé, Messieurs, qu'elle donnerait à l'industrie toutes les garanties désirables, en appelant le Conseil d'État à délibérer sur les projets de règlement dont il s'agit, sans vouloir toutefois préciser la forme et la portée qu'il conviendrait de leur donner.

L'article 5 porte en effet que ces règlements seront spéciaux à une sorte d'industrie, ou embrasseront plusieurs industries différentes, ou bien encore s'appliqueront soit à un département, soit à une ou plusieurs communes, soit à l'ensemble du territoire.

Égouts.

L'article 3, Messieurs, est relatif aux égouts et indique les mesures préservatrices dont ils doivent être l'objet.

Votre Sous-Commission a pensé, en effet, que, si la destination même de cette sorte de canalisation rendait impossible l'application aux eaux d'égout des dispositions arrêtées en vue de protéger contre la pollution les eaux courantes, il convenait cependant de la mettre à l'abri de certains éléments présentant un caractère spécial de dangers.

La construction des égouts entraîne de lourdes charges pour les villes; il fallait donc éviter l'envoi aux égouts des matières pouvant nuire à leur conservation.

Les égouts circulent à travers les habitations; le déversement des matières qui peuvent compromettre la santé ou la sécurité publique, doit donc être interdit.

Enfin, Messieurs, votre Sous-Commission vous propose d'imposer aux villes l'obligation d'épurer les eaux d'égout avant de les rejeter dans les cours d'eau : il est donc nécessaire de proscrire des égouts toute matière qui, sans être dangereuse par elle-même, pourrait nuire aux modes d'épuration que les communes croiront devoir employer pour satisfaire à cette nouvelle obligation.

Ce dernier point de vue peut être mis en lumière par un exemple frappant. L'oxyde de fer n'est sans doute pas une substance vénéneuse, mais l'expérience a démontré que la présence de cet élément dans les eaux les rend impropres à l'irrigation du sol. Les villes qui adopteront l'irrigation comme mode d'épuration, doivent en conséquence, pouvoir obtenir qu'il soit interdit de rejeter à l'égout des matières contenant de l'oxyde de fer.

Ces considérations, Messieurs, suffisent à justifier l'article 3, qui est ainsi conçu :

« Il est interdit de jeter dans les égouts aucune matière » pouvant nuire, soit à leur conservation, soit à l'épuration » ou à l'utilisation de leurs eaux, soit à la santé ou à la » sécurité publiques. »

Envoi des vidanges à l'égout.

L'article 4, Messieurs, semble être en opposition, dans les termes du moins, avec les dispositions qui précèdent. Il autorise en effet les communes à déverser directement dans les égouts les produits des fosses d'aisance, c'est-à-dire des produits qui sont, au premier chef, de nature à polluer les eaux.

Pour comprendre la raison d'être de cette exception, il faut songer que ce serait méconnaître le devoir du législateur que de l'obliger à se cantonner dans les limites restreintes d'un point de vue spécial. Or, l'épuration des eaux d'égout ne constitue qu'une des faces du problème de la salubrité publique, et toute mesure, quelque salutaire qu'elle fût au point de vue des eaux, qui rejetterait dans l'atmosphère, les causes d'insalubrité, s'éloignerait du but à atteindre au lieu de s'en rapprocher.

Il n'est personne, Messieurs, qui n'ait été frappé des procédés défectueux, nous pourrions dire barbares qui jusqu'à ce jour, ont été généralement employés pour la vidange des fosses, et il est superflu d'insister sur les inconvénients que les procédés pratiqués présentent au point de vue de l'odeur, du tapage nocturne et de l'encombrement de la voie publique.

Or, les divers remèdes dont on a fait l'expérience jusqu'à ce jour, ont donné des résultats fort insuffisants.

L'établissement de tuyaux d'évent, en transportant l'air chargé d'émanations malsaines au-dessus des toits des maisons, qui sont de hauteurs différentes, ne fait que déplacer le foyer d'infection, au grand détriment des appartements les plus élevés.

Un autre procédé essayé consiste à brûler les gaz qui se dégagent pendant l'opération de la vidange; mais ce système offre de sérieuses difficultés pratiques : il nécessite l'installation d'appareils de chauffage, de locomobiles encombrantes, dangereuses, difficiles à placer dans certaines maisons peu spacieuses.

Il convient de signaler aussi les dangers qui résultent de vidanges faites clandestinement, déposées sur les terrains vagues ou projetées dans les bouches d'égout.

De plus, lorsque les vidanges sont extraites des fosses, il

faut les transporter dans des endroits où elles sont centralisées pour devenir l'objet de traitements industriels. Que cet endroit soit unique, comme l'ancienne voirie de Bondy, ou que les dépotoirs soient multipliés, comme ils le sont aujourd'hui par suite de la création de divers établissements de ce genre dans les environs de Paris, les dangers sont les mêmes. L'odeur qui s'en échappe est insupportable; les bassins de décantation où sont déposés les produits des fosses ne sont jamais complétement étanches et laissent nécessairement écouler des liquides putrides qui contaminent les nappes, sources et cours d'eau environnants.

Votre Sous-Commission, Messieurs, a pensé qu'en présence des faits révélés par l'expérience, le mode de vidange le moins défectueux consistait encore dans l'envoi direct à l'égout: elle n'est arrivée à cette conclusion qu'après des études approfondies, qu'après avoir pesé les inconvénients et les avantages du système qu'elle vous propose, non point sous une forme générale et obligatoire, mais seulement à titre facultatif.

Elle s'est demandé s'il n'était pas à craindre que le rejet des vidanges à l'égout ne propageât certaines maladies contagieuses en transportant les germes organiques. Or la solution de cette question se réduit au point de savoir comment se comportent les germes contagieux, et il semble reconnu aujourd'hui que ces germes ne se transmettent ni par l'air ni par l'eau considérée comme véhicule, mais bien seulement par l'usage fait de cette eau comme boisson; les germes provenant des fosses d'aisances ne seraient donc dangereux que si par filtration ils atteignaient des nappes d'eau utilisées comme eau potable, et les mesures proposées pour l'épuration des eaux d'égout sont de nature à faire disparaître ce danger; nous pouvons d'ailleurs invoquer en faveur de cette opinion un passage d'un discours de M. Bouley (6 mars 1877) (annexe n° 1); — une note lue par le docteur Proust au Congrès d'hygiène (annexe n° 2); — les conclusions d'une note de M. Marié-Davy (annexe n° 3); — la préface de Guéneau de Mussy (annexe n° 4); — un extrait tiré de l'ouvrage du Dr Frankland (annexe n° 5); — l'opinion du *Local gouvernement Board* (annexe n° 6).

Dans ces conditions votre Sous-Commission n'hésite pas

à vous proposer d'autoriser l'envoi des vidanges à l'égout, mais l'article 4 prend soin de spécifier que les communes devront, dans ce cas, justifier préalablement que les eaux de leurs égouts ne seront écoulées dans les cours d'eau qu'après avoir été épurées de manière à satisfaire aux prescriptions de l'article premier.

L'article 16 indique en outre que les tribunaux compétents pour allouer les dommages et intérêts pourront aussi, en cas de contraventions commises par les départements, ou les communes, ou leurs agents, prononcer l'interdiction après un délai déterminé du déversement des eaux d'égout non épurées.

Après avoir ainsi assuré les garanties que réclame la santé publique, il fallait songer aussi aux intérêts pécuniaires des communes et c'est dans cette pensée qu'est conçu l'article 12 qui donne une base légale à la perception d'une taxe pour chaque tuyau de chute à l'égout en vue de se couvrir des frais d'établissement et d'entretien des égouts nécessaires à l'emploi de ce mode de vidange.

L'exemple de la Ville de Paris peut donner une idée de l'importance d'une semblable disposition, dont le bénéfice étendu à toutes les communes augmenterait considérablement leurs moyens d'action.

A Paris, le réseau des égouts est loin d'être terminé. L'achèvement de la canalisation souterraine doit entraîner, d'après des calculs approximatifs, une dépense d'environ 45,000,000 francs. L'état des finances de la Ville ou toute autre considération ajournerait peut-être pour longtemps encore l'exécution de ces travaux, s'il lui fallait avoir recours à des moyens de crédit. Or la perception d'une taxe de vidange peut fournir une recette importante en effet, soit une moyenne de trois tuyaux de chute par maison pour 70,000 maisons, le total des tuyaux est de 210,000; en prenant d'autre part comme taux de la redevance le chiffre de 30 francs, qui n'a soulevé jusqu'ici aucune réclamation, le produit de la taxe s'élèverait à 6,300,000 (210,000×30 = 6,300,000) et permettrait d'achever en peu d'années, sans bourse délier, l'ensemble du réseau d'égout.

Vous voyez, Messieurs, qu'il y a là une source de revenus aussi légitime que puissante. En conséquence votre Sous-Commission vous propose d'inscrire au nombre des recettes communales la taxe pour tuyaux destinés à l'écoulement des eaux vannes à l'égout, afin de faciliter aux communes les dépenses qu'entraînera l'application des procédés d'épuration que l'usage a déjà consacrés et que la science proclame comme les plus efficaces.

Nous arrivons ainsi, Messieurs, à la seconde partie de notre exposé, l'épuration des eaux d'égout.

ÉPURATION DES EAUX D'ÉGOUT (1)

La question de l'épuration des eaux d'égout, Messieurs, est depuis longues années déjà à l'ordre du jour des discussions du monde savant, et il suffit de citer les noms de MM. de Freycinet, Lauth, Schlœsing et Ronna pour évoquer le souvenir des intéressantes études dont elle a été l'objet en France.

L'analyse de ces divers travaux montre que les nombreux procédés proposés en vue d'atteindre le but poursuivi, peuvent se ramener à trois systèmes qui sont les suivants :

1° Épuration chimique ;

2° Épuration mécanique ;

3° Épuration par l'irrigation du sol.

Votre Sous-Commission, Messieurs, a examiné chacun de ces systèmes et nous nous efforcerons, en faisant ressortir les caractères principaux de chacun d'eux, de résumer l'appréciation à laquelle il a donné lieu.

Épuration chimique

Le système qui consiste à épurer les eaux d'égout par l'emploi d'agents chimiques, semble être aujourd'hui abandonné par ceux-là mêmes, qui avaient cru d'abord trouver dans son application le mode de procéder le plus efficace. Sans doute l'usage de la chaux est un puissant moyen d'éliminer les matières étrangères; le sulfate d'alumine, dont les avantages ont été préconisés par M. Le Châtelier produit les mêmes effets. Mais l'emploi de ces agents chimiques, comme de tous ceux qui ont été proposés et dont le nombre

(1) Partie de notre travail qui va suivre n'est que la reproduction presque textuelle de l'exposé fait par M. Alphand devant la Sous-Commission dans les séances des 13, 20 et 27 janvier 1879.

n'est pas inférieur à 500, présente des inconvénients qui les rendent impraticables : il exige en effet, lorsqu'il s'agit de traiter un volume d'eau considérable, la création d'immenses bassins de décantation, dont la dépense de construction et d'entretien constituerait une lourde charge : voilà pour le côté financier. Au point de vue hygiénique, l'amoncellement des matières précipitées créerait une véritable foyer d'infection, d'autant plus dangereux que les germes morbides y seraient pour ainsi dire concentrés. Pour parer à ce danger, il faudrait chaque jour enlever les produits encombrants auxquels ce procédé donne naissance, et il suffit, pour se rendre compte des frais qu'entraînerait une pareille opération, de songer que, pour une ville comme Paris, le volume des matières à enlever par jour serait de 500 mètres cubes. Il convient d'ajouter que les villes ne sauraient avoir l'espérance de tirer un parti lucratif de ces dépôts, car il a été reconnu que ces résidus contiennent sous un volume énorme une dose d'éléments fertilisants relativement insignifiante. (Voir dans ce sens l'opinion de MM. de Freycinet, Lauth, Bonna, Schlœsing, annexes n° 7, 8, 9, 10 et 11.)

Épuration mécanique.

Ce système, Messieurs, tend à débarrasser d'abord les eaux des matières solides, puis à épurer ensuite les liquides. La première opération présente le même inconvénient que le procédé chimique, à savoir le dépôt des matières encombrantes et sans valeur. La seconde opération a pour but d'épurer les liquides par l'oxydation. Mais il ne suffit pas d'indiquer qu'en théorie l'aération purifie l'eau ; il faut savoir comment se fera cette aération ? Aura-t-elle lieu instantanément et complétement ? Si la destruction des germes organiques n'est pas complète, n'est-il pas à craindre que les eaux, perdant peu à peu l'oxygène dont on les aura momentanément saturées, n'entrent bientôt après en putréfaction et infectent alors les fleuves qui les auront reçues. Les expériences qui ont été faites montrent qu'après l'aération, les eaux contiennent encore 27 0/0 d'azote soluble par mètre cube, et l'on sait que les règlements anglais sur la matière déclarent impures les eaux qui renferment plus de 3 grammes d'azote par mètre cube.

D'ailleurs ce procédé rencontre des difficultés sérieuses d'application. En effet jusqu'à ce jour on a expérimenté deux méthodes distinctes :

1° La première, celle qui a été suivie dans l'usine que la Ville de Paris a fait établir à titre d'essai, consiste à faire passer les liquides dans des bassins contigus que l'on remplit et que l'on vide alternativement; à la sortie du 2e bassin se trouve placé un filtre rotatif de Loynes, sur le modèle de ceux qui sont employés dans le Nord pour la fabrication du sucre. Il est certain que ce filtre retient les matières légères en suspension, mais on peut se demander si le passage rapide des eaux à travers ce filtre suffira à aérer l'eau de manière à brûler les matières organiques; car il résulte des documents anglais publiés par l'administration de la Ville que l'oxydation des eaux au contact de l'air est très-lente. Il faudrait donc, pour obtenir un résultat appréciable, construire des bassins offrant une grande surface; mais alors se présente l'inconvénient résultant des dépôts encombrants et sans valeur, que nous avons déjà signalé.

2° La seconde méthode consiste dans l'établissement de bâtiments de graduation et est empruntée aux habitudes industrielles du Nord, où la nécessité de purifier les eaux destinées à la condensation a déterminé les usiniers à se servir de ce moyen qui sans doute est économique et praticable pour des quantités d'eau relativement petites, mais qui, appliqué à des millions de mètres cubes d'eau débitée par jour, devient irréalisable. Ainsi dans le Nord, on fait tomber les eaux sur des planches dont on prolonge l'usage en les rabottant; pour les eaux d'égout, cette manière de faire est inadmissible; il faudrait renouveler constamment les fascines ou les planches, et cette dépense s'ajouterait encore aux frais qu'entraînerait l'élévation des eaux.

D'ailleurs l'idée n'est pas nouvelle; elle a été mise à exécution jadis à Bondy et à Châlons; mais l'odeur nauséabonde qui s'exhalait de ces établissements a dû bientôt faire renoncer à continuer l'expérience plus longtemps.

Telles sont, Messieurs, les difficultés que rencontre l'application des deux premiers modes d'épuration. Il convient de remarquer en outre que les eaux d'égout traitées par les procédés chimiques ou mécaniques ne retrouveront, de l'aveu même des défenseurs de ces procédés, qu'une pureté relative, qui suffit sans doute à entretenir la vie des poissons, mais ne serait pas exempte de dangers au point de vue de l'alimentation de l'homme.

Épuration par le sol.

Restait, Messieurs, à examiner le troisième, système qui a tout au moins sur les précédents le sérieux avantage d'avoir déjà reçu la consécration de l'expérience en France et surtout à l'étranger.

La théorie de l'épuration par le sol peut se résumer de la façon suivante :

Les eaux polluées sont répandues en couche mince sur des terrains meubles et poreux : de là un premier contact avec l'air qui amène un commencement d'oxydation ; puis l'eau pénètre dans le sol verticalement ou latéralement par la capillarité ; elle se divise, enveloppe chaque grain de sable ou de terre, de telle sorte qu'on peut dire que chaque globule d'eau se trouve en présence d'une molécule du sol : le contact avec l'air devient dès lors infini : la combustion des matières organiques se produit d'autant plus sûrement, que son action est lente et successive. Si l'on choisit comme champ d'irrigation des terrains perméables et suffisamment élevés au-dessus du niveau des nappes d'eau et si l'on facilite le travail naturel, par l'établissement d'un système de drainage conçu de façon à supprimer tout danger pouvant provenir de la stagnation des eaux dans la couche inférieure, on réalise les trois conditions essentielles de l'épuration par l'irrigation, à savoir :

1° Perméabilité du sol.

2° Épaisseur suffisante de la couche irriguée.

3° Évacuation régulière des eaux épurées.

Il est certain, Messieurs, que cette théorie est séduisante ; mais il importait d'examiner si les résultats de la pratique avaient sanctionné la doctrine de la science.

C'est à l'étranger qu'il convient d'emprunter les exemples de nature à éclairer l'opinion : car si l'emploi à l'irrigation des eaux d'égout constitue un mode d'épuration nouveau en France, ce procédé fonctionne déjà dans les pays voisins depuis de longues années.

En Angleterre, à Édimbourg, depuis plus d'un siècle, 100 hectares de prairies reçoivent le sewage, sous un volume de

30,000^{m3} à l'hectare, sans que d'ailleurs aucun inconvénient ait été signalé au point de vue de l'odeur ou de la salubrité.

Soixante-quatre autres villes anglaises ont successivement suivi l'impulsion donnée par la ville d'Édimbourg et leur nombre va croissant chaque année.

En Italie, mêmes tendances et mêmes résultats. A Milan, l'irrigation des *Marcittes* par les eaux noires sortant de la ville a depuis longtemps parfaitement réussi. A Novarre, le même procédé d'épuration est appliquée aux eaux d'égout. La ville de Florence étudie en ce moment l'emploi de ce système dans les terrains voisins des *Cascines*.

C'est dans le même ordre d'idées qu'est conçu le projet préparé par les ingénieurs français, pour les villes de Bude et de Pesth, et dont on commence en ce moment la mise à exécution.

En Allemagne, la ville de Dantzig est entrée dans la voie tracée par l'Angleterre.

En Suisse, à Lausanne, plus de 200 hectares de prés servent de champ d'épuration au milieu même des maisons de campagne des habitants de la ville.

Enfin, Messieurs, deux grandes cités viennent d'adopter le système de l'irrigation : Berlin et Bruxelles.

A Berlin, la situation de la ville rend l'évacuation des eaux d'égout très-difficile : un réseau de drains étroits et placés près de la surface du sol recueille les liquides provenant des maisons et les déverse dans un premier collecteur : des machines élévatoires les envoient de ce premier égout dans un second, et c'est de là qu'une nouvelle force motrice les élève pour les diriger sous des terres domaniales situées à 2 kilomètres de Berlin. Une somme de 100,000,000 francs a été affectée à l'établissement de ce système.

La ville de Bruxelles a adopté une organisation analogue.

Il convient de remarquer que dans ces deux dernières villes la vidange se fait complétement à l'égout, comme à Londres et dans la plupart des villes anglaises.

Mais, disent ceux qui contestent les résultats de l'irrigation, l'exemple de l'Angleterre elle-même est défavorable à l'emploi de ce procédé : car il n'a pas pris le développement qu'il aurait eu, s'il eût présenté de véritables et sérieux avantages. On peut même, ajoute-t-on, citer des cas où les villes et les industriels durent renoncer à continuer l'application d'un système qui devenait ruineux.

Il faut tenir compte, Messieurs, de la manière dont les travaux publics se font en Angleterre. Il est rare que l'on ait recours à l'impôt pour payer la dépense. On fait appel, ou plutôt on laisse la place aux capitaux privés, et grâce à l'esprit d'initiative très-développé dans ce pays, il ne manque pas d'industriels et de capitalistes qui se lancent dans l'entreprise, quelles que soient d'ailleurs ses chances de succès. Mais dès qu'ils s'aperçoivent que l'affaire ne doit pas répondre aux espérances qu'ils avaient conçues, ils l'abandonnent avec autant de promptitude qu'ils avaient mis d'ardeur à l'entreprendre. Ce sont là les raisons qui ont fait échouer à Londres les tentatives d'épuration pratiquées dans les sables situés à l'entrée de la Tamise : l'épuration se faisait régulièrement et de manière à supprimer tout danger pour la salubrité publique ; mais au point de vue financier les résultats étaient loin d'être satisfaisants, et les spéculateurs ont abandonné l'entreprise. Une autre idée se fit alors jour ; il s'agissait de profiter du flux et du reflux de la mer qui se fait sentir dans la Tamise. Les eaux d'égout étaient réunies dans d'immenses réservoirs qui devaient être inondés pendant les cinq heures de flots montants ; puis les flots en se retirant devaient entraîner le sewage et le conduire à la mer. Pendant quelque temps, le système a fonctionné, puis des difficultés telles se sont manifestées, qu'il faudra renoncer à l'application de ce procédé.

Actuellement l'opinion de ceux qui s'occupent spécialement de cette question, en Angleterre, est ralliée au système de l'épuration par le sol.

Mais, Messieurs, sans aller chercher loin de nous les exemples favorables au système de l'irrigation, il nous est permis d'invoquer les résultats obtenus à Gennevilliers.

Sans doute, ces essais ont révélé des inconvénients, mais

ceux-ci tiennent plutôt à l'emplacement choisi, aux conditions particulières dans lesquelles a été pratiquée l'irrigation, qu'au système lui-même.

En effet, Messieurs, si l'on examine successivement les griefs articulés dans ces derniers temps contre les essais de la presqu'île de Gennevilliers, on reconnaît à la fois que, s'ils étaient fondés, ils seraient, par leur caractère de généralité, la condamnation même du mode d'épuration par le sol; que si au contraire, les attaques ne sont pas justifiées, le système de l'irrigation doit être tenu pour le plus efficace et le plus facilement applicable.

Votre Sous-Commission a examiné avec soin toutes les critiques formulées jusqu'à ce jour, et nous croyons devoir analyser devant vous les résultats de ses études sur les points saillants.

Les terres irriguées, dit-on, répandraient une odeur insupportable, sinon malsaine. Or, il résulte des témoignages de ceux-là mêmes qui ont été les plus ardents dans leurs attaques, que les eaux ont sans doute, à la sortie des canaux d'amener, une odeur *sui generis* mais que cette odeur ne se distingue pas de celle que l'on constate dans les galeries d'égout de Paris, et comme le faisait remarquer M. le Directeur des travaux de la Ville, on ne voit pas que ce faible désagrément ait diminué le nombre de ceux qui demandent à visiter les égouts.

Mais quelque supportable que soit cette odeur, elle constituerait assurément un inconvénient grave, si elle était de nature à altérer la santé de ceux qui sont exposés d'une manière permanente à ces exhalaisons. Or, les statistiques permettent d'affirmer que le personnel des égouts de Paris n'a eu jamais plus à souffrir des émanations qui s'en échappent que ceux qui s'y exposent momentanément par simple curiosité.

On a mis en avant, Messieurs, un grief plus grave encore: l'irrigation, a-t-on dit, est susceptible de donner naissance à des fièvres intermittentes et autres maladies épidémiques telles que fièvres typhoïdes, choléra, etc.

Nous ne croyons pouvoir mieux faire, Messieurs, pour répondre à cette assertion, que de placer sous vos yeux un article publié par un praticien dont la science égale l'indépendance, votre honorable collègue M. le docteur Gübler, qui s'exprime ainsi sur les conséquences de l'irrigation des eaux d'égout au point de vue de l'hygiène.

« A vrai dire, les fièvres d'accès, miasmatiques et réellement autochthones, ne paraissent être ni plus fréquentes ni plus sérieuses à Gennevilliers que dans les autres localités des mêmes parages : les eaux d'égout n'ont pas apporté le miasme de la *malaria*; elles ne jettent même pas d'exhalaison fétide dans l'atmosphère, et quand on contemple la belle apparence de vigueur et de santé des cultivateurs de la presqu'île irriguée, on est tout prêt à partager la conviction unanime des membres du Congrès d'hygiène de 1878 touchant l'innocuité de l'irrigation des terres par les eaux d'égout (1).

» Hâtons-nous d'ajouter que depuis la visite du Congrès d'hygiène à la presqu'île de Gennevilliers, bien des préventions se sont effacées, bien des oppositions affaiblies, et que de véritables conversions se sont opérées chez des hommes d'une haute compétence, dont l'influence est désormais acquise à la grande œuvre de l'utilisation agricole des eaux d'égouts.

» Le fait de l'innocuité de ces eaux, comme agents de production de la fièvre intermittente, étant mis hors de doute, la question mériterait d'être élargie et transportée sur le terrain de l'épidémiologie en général. On a fait voir que le moyen de propagation de certaines maladies infectieuses, telles que le choléra, la fièvre typhoïde, le typhus, etc., devait être cherché quelquefois dans les déjections alvines des malades; mais l'importance de l'origine fécale de ces affections a été singulièrement exagérée.

» Les matières intestinales contaminées ne sont qu'un foyer temporaire de contages, parce que ceux-ci, comme les ferments animés, les microbes, ainsi que les a nommés M. Sédil-

---

(1) Dans l'application, ce système, qui fait le plus grand honneur à l'Ingénieur en chef, M. Mille, et à son distingué collaborateur, M. l'Ingénieur Durand-Claye, ne présente que des inconvénients d'ordre secondaire auxquels a déjà remédié un drainage bien établi permettant de rassembler dans le drain collecteur une eau d'une limpidité parfaite, inodore, d'un goût seulement un peu salpêtré, dont tous les membres du Congrès d'hygiène ont voulu boire, et dont la pureté est démontrée par ce fait qu'elle alimente une magnifique cressonnière. La question se réduira, dans l'avenir, à établir une juste balance entre la masse d'eau jetée sur la surface du sol et la quantité que celui-ci peut absorber.

» lot, n'ont qu'une existence éphémère et ne pullulent » qu'au sein des organismes vivants. Leur portée d'action » est d'ailleurs assez courte, parce que la quantité n'étant » pas indifférente dans la génération des accidents mor- » bides, et la proportion dans l'atmosphère autour du point » d'émanation diminuant comme le cube du rayon de la » sphère, il arrive bientôt un moment où la masse est trop » faible, le miasme trop raréfié pour donner lieu à ces » effets caractéristiques, quand bien même il aurait con- » servé l'intégrité de sa structure, la complète activité de » sa vie propre et par conséquent l'intensité première de » son pouvoir actif.

» Or, c'est ce qui n'a pas lieu. Tout au contraire, la puis- » sance des poisons morbides semble s'éteindre au travers de » quelques mètres de parcours dans le sein de l'atmosphère » libre, puisque les salles où sont réunis des cholériques » ou des varioleux, ne deviennent pas nécessairement le point » de départ d'épidémies locales, ne constituent pas des » foyers secondaires, irradiant de proche en proche, comme » cela devrait être si l'air était le véhicule de la cause » morbigène, toujours vivante ou du moins toujours active, » malgré ses pérégrinations loin de l'organisme qui lui a » servi de berceau et en dehors des conditions indispen- » sables à son existence et à sa reproduction.

» Les miasmes expulsés des premières voies avec les ma- » tières alvines sont donc fatalement condamnés à périr » dans un bref délai ; la rapidité de leur destruction est » subordonnée à la facilité avec laquelle ces organites sont » attaqués par les agents chimiques ordinaires, auxquels ils » se trouvent mêlés ou qui sont répandus dans le milieu » ambiant, tels que l'oxygène et l'acide nitrique atmosphé- » riques. Ainsi les linges souillés de matières fécales trans- » mettent aisément la maladie ; les produits des fosses » d'aisances la communiquent rarement et les dépotoirs » jamais. Voilà pourquoi le métier de garde-malade étant » si dangereux, celui de vidangeur l'est si peu et comment » l'odorat seul est offensé chez les navigateurs du *lac copro-* » *tique* de Bondy. »

Votre Sous-Commission, Messieurs, a été impressionnée dans le même sens par les appréciations toutes concordantes d'hommes éminents dont nous vous plaçons le texte sous les yeux aux annexes, sous les nos 12, 13, 14, 15, 16, 17, 18, 19, 20, 21, 22, 23, 24, 25.

C'est avec intention que nous laissons de côté, Messieurs, les avantages que présente, au point de vue de l'intérêt de l'agriculture, l'emploi des eaux d'égout à l'irrigation : ces avantages, Messieurs, ont été mis en lumière par la plus-value dont ont bénéficié les terres de Gennevilliers et les remarquables aperçus présentés par MM. Marié Davy, Marchant et G. Ville attestent que votre Sous-Commission n'est pas restée étrangère à cette considération économique.

Mais elle a pris comme point de départ de ces études cette idée, qu'il y avait lieu, dans la matière qui l'occupait, de distinguer entre l'épuration et l'utilisation des eaux d'égout.

Elle a pensé en effet, Messieurs, que sa mission se bornait à envisager les obligations qu'impose à l'autorité communale l'intérêt de la salubrité, pour voir ensuite quelles modifications il y aurait lieu d'introduire dans la législation existante, en vue de protéger la santé des populations et de sauvegarder la salubrité publique.

La conclusion de ses travaux a été que si les communes doivent supprimer les causes d'insalubrité qu'engendre l'impureté des eaux d'égouts, afin d'éviter la corruption des fleuves et rivières, là s'arrête leur devoir. Le problème n'est sans doute pas complétement résolu : lorsque cette première opération est accomplie, il reste à trouver le moyen d'utiliser la richesse fertilisante contenue dans les eaux d'égout, et dans cet ordre d'idées, il y aura à déterminer la quantité d'eau que peut utilement employer l'agriculture. Ce dernier point a été l'objet de nombreuses et intéressantes recherches; les documents statistiques indiquent que la proportion varie en fait de 6,000 mètres cubes à 25,000 mètres cubes par hectare, et s'élève à 35,000 mètres cubes par hectare pour les prairies, comme à Édimbourg. Mais ces questions touchent au grand problème du développement de la richesse publique, et doivent rester en dehors des préoccupations des villes; c'est à l'Etat qu'incombe la mission d'encourager l'initiative des agriculteurs, de vaincre leurs répugnances par une intervention se manifestant sous forme de subventions, de garanties d'intérêt, d'avances ou de toute autre me-

4

sure propre à stimuler l'industrie privée. Il y a là une œuvre de longue haleine, qui demande de la patience, de la persévéranc, qui au début du moins sera une source de dépenses ; les fonds employés à cette œuvre demeureront longtemps peut-être improductifs, mais ils serviront à encourager les villes, à attirer l'épargne, en rassurant les capitalistes, et il est permis d'espérer qu'un jour viendra où l'opération pourra donner des résultats rémunérateurs.

Votre Sous-Commission, Messieurs, n'a d'ailleurs pas eu la pensée d'ériger en principe que les communes devraient toujours, et sans exception, employer l'irrigation comme mode unique d'épuration. Tenant compte des circonstances qui peuvent rendre ce procédé impraticable ou trop coûteux, elle s'est gardée d'émettre une opinion absolue. Aucune disposition du projet qui vous est soumis n'interdit l'épuration par les agents chimiques, par les moyens mécaniques et tous autres systèmes actuellement connus, ou que l'avenir pourrait révéler.

Le projet se borne, après avoir, dans son article 4, posé le principe de l'obligation, pour les communes, d'épurer leurs eaux d'égout, à proclamer cette vérité qui semble ressortir jusqu'à l'évidence des résultats acquis, que l'irrigation par le sol est actuellement le meilleur mode d'épuration ; celui qui assure la plus complète combustion des matières organiques par une oxydation lente et successive ; celui qui entraîne le moins de frais : le seul enfin qui permette aux municipalités d'espérer de rentrer, dans un avenir plus ou moins éloigné, dans les dépenses qu'elles se seront imposées, pour satisfaire aux exigences de l'hygiène et de la salubrité publiques.

Tel est, en effet, Messieurs, le sentiment de la majorité, je pourrais presque dire de l'unanimité de votre Sous-Commission. Car si quelques divergences se sont produites sur les conditions dans lesquelles l'irrigation devait se faire pour donner les meilleurs résultats au double point de vue de la destruction des germes putrescibles et de l'utilisation des matières fertilisantes que renferment les eaux d'égout, tous les membres de la Sous-Commission ont été unanimes à reconnaître que le système agricole produit seul la combustion totale des matières organiques et qu'il est dès lors le moyen le plus efficace pour ramener les eaux à un état de pureté satisfaisant, alors surtout que l'on admet le déversement à l'égout des produits des fosses d'aisance.

Droit d'expropriation.

Sortant du domaine de la théorie, pour envisager le côté pratique du problème, votre Sous-Commission s'est préoccupée d'assurer aux communes les moyens de faire usage de ce mode d'épuration dont elle avait reconnu les avantages incontestables, sinon l'excellence, et c'est dans cette pensée qu'est conçu l'article 7 qui porte que les communes ou les départements propriétaires d'égouts pourront être autorisés à exproprier le minimum de surface nécessaire à l'épuration des eaux par l'arrosage des terres *tout au moins au point de vue de la salubrité.*

Ce dernier membre de phrase, Messieurs, fait allusion à cette distinction que votre Sous-Commission a tenu à bien nettement établir entre l'*épuration* des eaux et leur *utilisation.* L'utilisation des eaux constitue en effet une sorte d'industrie, dont le succès dépend de conditions particulières d'étendue et d'aménagement parfois difficiles à réaliser. Et d'ailleurs vous avez adopté, en traitant de la question des canaux d'irrigation, des dispositions qui trouvent ici une nouvelle application et faciliteront la solution de cette partie du problème. L'épuration, au contraire, constitue une obligation pour les villes; elle correspond à un besoin d'ordre public, et l'expropriation réduite dans ces termes se justifie d'elle-même comme une nécessité : sans ce droit, en effet, les municipalités exposées aux exigences et aux prétentions des propriétaires, se verraient la plupart du temps obligées de renoncer à l'épuration par le sol. Telle est d'ailleurs l'opinion de tous ceux qui ont étudié cette question, et nous n'en voulons pour preuve que l'opinion très-nettement exprimée à ce sujet dès 1869 par M. de Freycinet (voir annexe n° 13).

Toutefois, Messieurs, le droit d'expropriation n'a pas paru devoir être accordé aux communes sans restriction.

En effet, le deuxième paragraphe de l'article 7 déclare que les immeubles exceptés par les articles 1 et 2 de la loi du 29 avril 1845 ne pourront être compris dans l'expropriation, et il ajoute « que cette exception sera étendue à une zone attenante à ces immeubles », zône dont les limites seront déterminées dans chaque cas particulier par l'acte portant déclaration d'utilité publique.

Les articles 8 et 9 ne soulèvent aucune question de principe.

Le premier est destiné à faciliter l'entente entre des communes différentes pour la construction, l'entretien des égouts ainsi que l'établissement des procédés d'épuration : il précise les conditions de cette entente et règle les bases de la part contributive de chaque commune dans le montant des dépenses.

En cas de désaccord le Conseil de Préfecture est appelé à statuer, sauf recours au Conseil d'État.

L'article 9, en consacrant le droit pour les villes de tirer parti de la richesse fertilisante que contiennent les eaux d'égout, a pour but de légitimer une mesure parfaitement équitable, mais qui aurait pu, en l'absence d'un texte formel, exposer les municipalités à des réclamations fondées sur ce qu'il ne leur appartient pas de se créer une source de revenus au moyen de l'expropriation. La Sous-Commission a été, en effet, vivement impressionnée par les observations présentées par M. Dumas qui a fait valoir, avec l'autorité qui s'attache à son nom, les considérations suivantes :

On a objecté souvent qu'en Angleterre et ailleurs les tentatives faites dans le but de tirer parti des eaux d'égout comme moyens culturaux n'ont pas réussi : si l'on cherche la raison d'être des mécomptes qui ont arrêté les entreprises les plus sagement conçues, on reconnaît qu'ils découlent de ce fait que l'agriculture a eu à supporter des charges qui incombaient légalement aux villes. Ainsi, à Londres, la construction de la branche principale d'égout, très-coûteuse par elle-même, est devenue désastreuse pour le concessionnaire par suite de l'accident qui s'est produit au cours des travaux ; la maçonnerie est descendue dans les terrains tourbeux sur lesquels elle avait été établie et ce désastre a amené, avec la ruine de l'entreprise privée, l'abandon du projet d'épuration municipal. Pour éviter de pareils inconvénients, il faut partir de cette idée que les villes sont obligées d'évacuer les eaux d'égout et de les diriger sur des terrains filtrants, afin de sauvegarder la santé publique, en évitant la pollution des cours d'eau. *Elles peuvent, sans doute, sur le parcours de l'aqueduc, installer et accorder à titre de concessions les quantités de sewage demandées par les agriculteurs :* mais toutes les dépenses concernant l'établissement de la conduite et toutes celles que l'on peut comprendre sous le titre de frais généraux doivent être supportées par elles, comme conséquence du devoir qui leur incombe.

Une fois ce devoir rempli, les villes seront en droit de chercher à diminuer leurs charges en imposant une redevance à ceux qui voudraient obtenir une concession : *il n'y a là qu'une légitime compensation des dépenses faites en vue d'un intérêt de premier ordre.*

C'est pour assurer aux communes le bénéfice de cette légitime compensation que l'article 9 vous est proposé, et c'est à ce point de vue que la question de l'utilisation des eaux d'égout, qu'il convient de séparer en principe de l'épuration, est étroitement liée à cette dernière. Elle fournit en effet un moyen de changer en une source de revenus une coûteuse mesure de salubrité, et son heureuse influence au point de vue de la fortune publique éclate, lorsque l'on songe à la transformation que peut produire un colmatage de cette nature appliquée à des terres incultes et sans valeur.

Cette dernière considération suffit, Messieurs, à justifier l'article 10 du projet, qui est ainsi conçu :

« Les travaux d'irrigation avec les eaux d'égout pourront » donner lieu, de la part de l'État et des départements, à des » subventions, à des avances de fonds ou à une garantie » d'intérêt sur le capital de premier établissement. »

Les dispositions que vous avez adoptées comme nous le rappellions tout à l'heure, dans une matière analogue, donnent l'assurance que vous accorderez votre approbation à l'idée qui a inspiré cet article et que vous reconnaîtrez dignes de profiter du crédit de l'État, des travaux qui auront le double résultat de protéger la santé des populations et de développer la fortune publique, en augmentant, en créant même, dans certains cas, la fertilité du sol.

Telle est, Messieurs, esquissée trop rapidement, l'économie de ce projet dont on peut résumer ainsi les caractères principaux :

1° A l'égard des particuliers, industriels ou autres, interdiction de polluer les cours d'eau, sans toutefois apporter à l'industrie des entraves capables de nuire à son développement et, pour assurer à cette interdiction toute son efficacité, établissement d'une réglementation sagement étudiée, tenant compte des découvertes de la science moderne et garantie dans son application par des pénalités suffisantes.

2° A l'égard des communes interdiction de projeter dans les cours d'eau les immondices et les matières dangereuses drainées par les égouts, sans avoir préalablement soumis le sewage à un traitement épurateur.

3° Comme conséquence de cette obligation, droit d'expropriation accordé aux communes, en vue d'acquérir les terrains nécessaires à l'irrigation considérée comme le mode d'épuration le plus efficace, le plus facile à appliquer et le seul susceptible de devenir rémunérateur.

4° Principe du concours financier de l'État en vue de faciliter une œuvre qui correspond à deux objets également dignes des préoccupations du législateur, la santé des populations et l'accroissement de la richesse nationale.

Permettez-nous, Messieurs, de croire en terminant que, présentées sous cette formule simple et dégagées de toutes les questions de détail, les résolutions de votre deuxième Sous-Commission mériteront votre approbation, et laissez-nous espérer que si la faiblesse de celui qui a été chargé de vous les exposer a pu obscurcir la netteté des idées qui dominent le projet, elle sera du moins impuissante à en compromettre le triomphe.

L'Auditeur au Conseil d'État,
Secrétaire de la Sous-Commission,

HACHETTE.

PROJET DE RÉSOLUTIONS

ASSAINISSEMENT DES COURS D'EAU — EAUX D'ÉGOUT

1° Il est interdit aux communes aussi bien qu'aux individus de porter obstacle au libre cours des eaux et d'en altérer la pureté. En conséquence, il est défendu de jeter dans les cours d'eau des matières encombrantes, des immondices et déjections quelconques de nature à rendre les eaux insalubres ou impropres aux usages domestiques.

2° Les matières liquides ou solides provenant d'une usine ou résultant de l'emploi de procédés industriels ne pourront être écoulées qu'après avoir été traitées par les moyens pratiques les plus efficaces pour rendre inoffensive la projection dans les cours d'eau des matières dangereuses, insalubres, infectes ou incommodes.

Les dispositions du décret du 15 octobre 1810 seront modifiées de manière à assurer la mise en vigueur de la réglementation ci-dessus indiquée.

Les modèles de règlements d'eau seront modifiés dans le même sens.

3° Il est interdit de jeter dans les égouts aucune matière pouvant nuire, soit à leur conservation, soit à l'épuration ou à l'utilisation de leurs eaux, soit à la sécurité ou à la santé publique.

4° Les communes pourront toutefois autoriser le déversement direct dans les égouts du produit des fosses d'aisance, mais à la condition de justifier préalablement que les eaux de ces égouts ne seront écoulées dans les cours d'eau qu'après avoir été épurées de manière à satisfaire aux prescriptions de l'article premier.

5° Des décrets rendus en la forme des règlements d'administration publique applicables, soit à un département, soit à une ou plusieurs communes appartenant à une même région fluviale, soit à l'ensemble du territoire ou relatifs à une ou plusieurs industries, détermineront les conditions de l'épuration des eaux des égouts et des usines, et les délais dans lesquels il devra y être satisfait.

6° Pour assurer l'exécution des dispositions qui précèdent, il sera créé dans chaque département, sous l'autorité directe du préfet, un service d'inspection confié aux ingénieurs des ponts et chaussées ou des mines ou, à défaut, aux agents-voyers.

Le service de l'inspection préparera les règlements locaux mentionnés à l'article qui précède, avec le concours des autorités municipales lorsqu'il s'agira de règlements applicables à une seule commune.

Ces projets de règlement seront soumis aux formalités d'une enquête, puis examinés par les Conseils d'hygiène de chaque département. Ils seront ensuite l'objet d'un examen du Comité consultatif d'hygiène publique en France et, suivant les cas, d'un avis des Conseils généraux des Ponts et Chaussées et des Mines, avant d'être adressés au Conseil d'État par le Ministre compétent.

7° L'emploi des eaux d'égout pour l'arrosage des terres constituant, parmi les procédés consacrés par l'usage, celui qui a donné les meilleurs résultats pour l'épuration de ces eaux et pour l'utilisation des matières fertilisantes qu'elles contiennent, les projets relatifs à ce mode d'épuration seront l'objet de déclarations d'utilité publique autorisant le département ou les communes propriétaires des égouts, à exproprier le minimum de surface d'arrosage nécessaire pour assurer la purification des eaux, tout au moins au point de vue de la salubrité.

Toutefois, ne pourront être compris dans l'expropriation les immeubles exceptés par les articles 1 et 2 de la loi du 29 avril 1845 sur les irrigations. Cette exception sera étendue à une zone attenante à ces immeubles, dont les limites seront déterminées dans chaque cas par l'acte portant déclaration d'utilité publique.

Les projets des travaux ne seront d'ailleurs présentés au Conseil d'État par M. le Ministre des Travaux publics qu'après que celui-ci aura pris l'avis du Comité consultatif d'hygiène et du Conseil général des Ponts et Chaussées.

8° Lorsque les égouts d'une commune traverseront le territoire d'autres communes pour atteindre le lieu d'épuration, ces dernières pourront déverser leurs eaux sales dans l'égout établi sous leur sol, à lacondition de contribuer proportionnellement à l'usage qui sera fait par elles de cet ouvrage, aux dépenses d'établissement et d'entretien des égouts et à celles des procédés d'épuration.

En cas de désaccord sur la fixation de la part contributive de chaque commune, le Conseil de Préfecture statuera, sauf recours au Conseil d'État.

Les communes ne pourront user de la faculté indiquée ci-dessus pour les égouts existants que si les dimensions de ces égouts permettent de recevoir leurs eaux. Pour les égouts nouveaux, elles devront déclarer leur intention d'en faire usage au moment des enquêtes préalables à la déclaration d'utilité publique.

Les communes pourront d'ailleurs se constituer en syndicats, pour l'usage commun des égouts et du champ d'épuration. Ces syndicats seront régis par des règlements d'administration publique.

9° Le département ou les communes pourront céder tout ou partie des eaux de leurs égouts, soit à des sociétés, soit à des syndicats de propriétaires, soit à des propriétaires isolés qui voudraient en faire usage pour l'irrigation.

Les dispositions de la loi du 29 avril 1845 sur les irrigations et de la loi du 21 juin 1865 sur les syndicats, ainsi que celles adoptées par la Commission supérieure, en ce qui concerne les canaux d'irrigation, seront applicables à l'irrigation au moyen des eaux d'égout.

10° Les travaux d'irrigation avec les eaux d'égout pourront donner lieu, de la part de l'État, des départements et des communes, à des subventions, à des avances de fonds ou encore à une garantie d'intérêt sur le capital nécessaire pour l'établissement et l'exploitation des irrigations.

11° Par extension des dispositions de l'article 30 de la loi du 3 mai 1841 sur l'expropriation pour cause d'utilité publique, les habitants et les propriétaires des communes où seront établis les travaux d'irrigation en eau d'égout, les créanciers ou autres intéressés à un titre quelconque, ne pourront être appelés à faire partie du jury spécial d'expropriation qui statuera sur les indemnités à allouer.

12° Les communes autorisées à déverser les produits des fosses d'aisance dans les égouts pourront, sur la demande de leur Conseil municipal, percevoir une taxe municipale pour chaque tuyau de chute à l'égout, en vue de se couvrir des frais d'établissement et d'entretien des égouts nécessaires à l'emploi de ce mode de vidange.

Le montant de ces taxes sera fixé par un règlement d'administration publique révisable tous les cinq ans.

13° Les contraventions aux dispositions qui précèdent seront constatées par des procès-verbaux qui pourront être dressés par les Ingénieurs de l'État, les agents-voyers, les commissaires de police, les gendarmes et les agents assermentés des communes.

Ces contraventions seront poursuivies par les soins des inspecteurs créés aux termes de l'article 6.

14° Les contraventions commises par les particuliers seront déférées aux tribunaux compétents et pourront donner lieu a une amende de 16 à 300 francs. En cas de récidive, les contrevenants seront passibles d'un emprisonnement de cinq jours au moins et de trois mois au plus et d'une amende variant de 100 à 500 francs. Les articles 463 et 483 du code pénal seront d'ailleurs applicables à ces contraventions.

Les contrevenants seront, en outre, passibles de dommages et intérêts pouvant s'élever au double du chiffre des dépenses à faire pour réparer les dégradations causées ou le dommage apporté aux voies publiques et privées, aux égouts ou aux cours d'eau.

15° Les dispositions des articles 13 et 14 qui précèdent sont applicables au déchargement illicite des matières de vidange ou autres produits nuisibles à la santé des habitants, dans les égouts, sur les voies publiques ou dans des immeubles privés, à moins d'autorisation préalable du propriétaire ou du fermier.

16° En cas de contraventions commises par les départements, les communes ou leurs agents, les tribunaux compétents, pour allouer les dommages et intérêts, pourront prononcer l'interdiction, dans un délai déterminé, du déversement des eaux d'égout non épurées.

17° Lorsque la pollution des cours d'eau par un établissement public ou privé ne peut disparaître que par des travaux d'ensemble, l'Etat, le département, la commune ou les particuliers, suivant les cas, pourront acquérir, d'après les formes et après l'accomplissement des formalités prescrites par la loi du 21 mai 1836, les propriétés indispensables à l'exécution des travaux.

Les portions de ces propriétés qui, après l'assainissement opéré, ne seraient plus nécessaires, pourront être revendues aux enchères publiques sans que, dans ce cas, les anciens propriétaires ou leurs ayants droit puissent demander l'application des articles 60 et 61 de la loi du 3 mai 1841.

ANNEXES

ANNEXE N° I

Extrait du discours prononcé à l'Académie de médecine, le 6 mars 1877, par M. H. Bouley *(pages 12, 13)*.

A ce propos je signalerai, dans la note de M. Gueneau de Mussy, une confusion entre deux choses qui ne doivent pas être confondues.

La question est de savoir, pour le moment, si les eaux d'égout peuvent être nuisibles par les agents de contagion qu'elles laisseraient dégager dans l'air, en d'autres termes, si ce que l'on appelait autrefois la contagion *volatile* peut en procéder.

M. Gueneau de Mussy invoque sur ce point des renseignements qu lui ont été donnés par des médecins exerçant dans les localités situées en aval du grand collecteur; ces renseignements ont rapport à l'action nuisible des vases que le grand collecteur dépose dans le lit du fleuve et sur ses rives.

Que la Seine soit infectée par les eaux d'égout; qu'elle soit transformée en une sorte de marécage, dans une certaine partie de son parcours; qu'il se dégage du limon de ses rives, quand les eaux viennent à baisser, des effluves, nuisibles cela n'est pas douteux, et c'est à prévenir cet envasement et cette souillure de la Seine que tendent actuellement tous les efforts. Mais ces faits sont d'un autre ordre que les faits de contagion par les émanations des eaux d'égout; revenons-y.

Si les eaux d'égout laissent dégager incessamment des vapeurs contagieuses et en proportion de l'intensité des maladies contagieuses régnantes, les habitants des maisons riveraines des canaux, dans les villes de Hollande, doivent être exposés, beaucoup plus que les autres, à contracter ces maladies, car les canaux de ces villes, si charmantes en peinture, leur servent d'égout. L'odeur qui s'en dégage n'en témoigne que trop.

Les observations faites dans ces villes sont-elles confirmatives de la doctrine?

Si M. Gueneau de Mussy est embarrassé pour nous répondre, je puis lui venir en aide. Qu'il invoque l'accoutumance, et tout sera dit.

C'est sans doute elle aussi qui met à l'abri de la contagion les milliers d'habitants de Paris qui, les jours de grandes fêtes de Versailles, vont assister au merveilleux spectacle du jeu de ses eaux?

Vous savez qu'elles sont puisées dans la Seine, par la machine de Marly, bien avant que les matières organiques déchargées par le grand collecteur aient eu le temps de s'oxyder.

Quelles conditions redoutables pour la diffusion de la contagion, que la dispersion des eaux de la Seine, souillées par celles des égouts, en mille jets aériens, d'ou doivent se dégager et des vapeurs et des poussières d'eau essentiellement contagieuses d'après la théorie? Ici encore a-t-on recueilli des faits confirmatifs des inductions de la doctrine?

Mais les eaux d'égout ne seraient pas seulement dangereuses par leurs émanations ; elles le seraient aussi par leur mélange avec les eaux potables.

. . . .

Je reviens aux influences qu'exerceraient les émanations des égouts sur la diffusion des contagions.

Cette influencee est-elle prouvée ? Non, ce me semble. Les faits que je viens de rappeler contrarient absolument la théorie sur ce point.

Or, si la démonstration n'est pas faite de l'action contagieuse des émanations des égouts, ne doit-on pas s'abstenir d'affirmations aussi graves que celles que l'on formule d'après la théorie.

A-t-on le droit de dire affirmativement, dans l'état actuel de la question, que le noir torrent qui coule sous nos pieds laisse incessamment dégager des vapeurs chargées de principes contagieux qui font irruption par toutes les bouches des égouts ?

ANNEXE N° 2

Extrait du rapport lu par M. Proust au Congrès international d'hygiène de Paris, août 1878.

Snow a réuni un grand nombre de faits pour établir ce mode de transmission du choléra, il a donné à son opinion un caractère de précision scientifique remarquable. On avait prétendu que, dans les cas de mélange de la matière cholérique à l'eau, la propagation ne se faisait pas directement par l'absorption de l'eau corrompue, mais par des émanations provenant de la terre imprégnée de matières putrides et altérées, par le séjour dans le sous-sol des bâtiments, d'une eau corrompue; or, Snow a montré que, dans ces cas, les personnes atteintes n'étaient pas celles du voisinage, mais bien celles qui buvaient l'eau. Dans Broadstreet, ce sont les individus faisant usage de l'eau d'un certain puits, recevant les infiltrations de l'égout, qui devenaient malades. Tout le voisinage échappait à la maladie, mais un passant venait-il à boire de cette eau, il était immédiatement atteint par le choléra. Snow a même cité des cas dans lesquels, transportée à une certaine distance, elle aurait communiqué le choléra à une personne qui en avait bu. C'est ainsi que l'histoire des puits empoisonnés, que la crédulité et l'ignorance ont tant exploitée, se trouve démontrée scientifiquement à un point de vue différent.

Dans les exemples que nous venons de citer, l'eau d'égout ne paraît être nuisible que par suite d'un vice dans la construction des égouts, soit parce que les parois, étant mal obturées, laissent filtrer l'eau contaminée, qui peut ainsi adultérer la nappe souterraine où les puits vont s'alimenter, soit parce qu'ils viennent déboucher dans un fleuve, dans un point en aval duquel on vient puiser l'eau potable. Ce sont là des vices de construction et d'aménagement qu'une administration soigneuse évitera facilement.

ANNEXE N° 3

Extrait de la Note sur les résultats obtenus à Montsouris et applicables à l'épuration des eaux d'égouts par M. Marié-Davy.

III. *Conclusion.*

Le drainage agricole du sol parisien, le drainage en canaux étanches de la surface des rues et de l'intérieur des habitations ; l'emploi à ce dernier usage d'eaux abondantes ; l'enlèvement et l'éloignement immédiat des immondices de toute nature au moyen de canaux couverts ; enfin la combustion au jour le jour de toutes ces matières par le sol cultivé, me paraissent le plus propres à satisfaire aux prescriptions de l'hygiène.

Ce n'est peut-être pas la solution la plus immédiatement économique ; mais, d'une part, les eaux d'égout, même dans leur état actuel, semblent devoir créer, dans un avenir plus ou moins rapproché, une richesse du sol et une plus-value des récoltes pouvant venir en déduction des frais qu'entraînera l'opération.

D'autre part, cette opération une fois faite en vue des eaux actuelles peut, sans augmentation de dépense, comprendre la totalité des déjections de la ville, *amener ainsi progressivement la suppression de tous les dépotoirs publics et privés et, tout en produisant une amélioration considérable dans l'hygiène des habitations, constituer, par la création d'un droit équitable de projection à l'égout, une nouvelle cause de réduction des frais nés du système adopté.*

Il me serait difficile de ne pas voir là la véritable solution de l'avenir.

ANNEXE N° 4

Extrait de l'introduction à l'ouvrage de M. Charles Murchison, signée : Docteur Henry Guéneau de Mussy (*page* XLIX).

La fièvre typhoïde.

La destination des matières entraînées par les égouts est un des grands problèmes de la civilisation. Au point de vue de l'hygiène, il est indispensable que ces matières qui, selon les théories diverses, sont le réceptacle des germes ou le laboratoire où se fabriquent les poisons spécifiques, soient autant que possible décomposées ou entraînées, sans possibilité de retour dans les agglomérations humaines. L'utilisation des eaux d'égout par l'agriculture est assurément la meilleure, l'irréprochable solution du problème partout où elle est praticable. Elle est fondée sur la décomposition des matières albuminoïdes dans le sol et leur appropriation par la végétation et, pour la réaliser, il faut qu'il y ait une certaine proportion entre la quantité de matière à consommer et l'activité du consommateur qui est la végétation.

Ces conditions sont difficiles à réunir à l'égard d'agglomérations très-nombreuses. Cependant les succès déjà observés dans la presqu'île de Gennevilliers et qui promettent de s'étendre encore démontrent que les obstacles ne sont pas insurmontables. Ils diminuent beaucoup et disparaissent même tout à fait quand il s'agit d'agglomérations telles que celles qui répondent au chiffre de la population de la plupart de nos villes de province. Peut-être me saura-t-on gré de faire connaître le résultat d'une expérience très-concluante à ce sujet. Elle est racontée par le docteur Alfred Carpenter, le même qui a décrit, après l'avoir prédite, l'épidémie de fièvre typhoïde, qui a fait en 1873 de si grands ravages à Croydon par suite du mélange des matières fécales aux eaux potables, mélange dû à des vices de construction et de fonctionnement dans les égouts de la ville.

La ferme qui reçoit à Beddington le produit des égouts de Creydon, utilise en ce moment les vidanges de 50,000 personnes sur une terre de 460 acres; l'irrigation dure maintenant depuis 16 ans, et une partie de la terre n'a pas cessé d'être irriguée, plus ou moins, jour et nuit, pendant tout ce temps-là.

Tout près de la ferme, est établie une population très-dense, et tout autour s'élèvent des habitations qui constituent un ensemble de propriétés de grande valeur. La fertilité du sol augmente chaque année avec les enseignements de l'expérience. La population de la paroisse sur laquelle est située la ferme, qui occupe environ le 5e, de son étendue, a triplé depuis l'installation de cette ferme, ce qui ne s'est vu pour aucune des localités voisines, ville ou village! Par suite du développement des constructions, la valeur de l'impôt a monté de 275,000 francs (taux de 1861), à 900,000 francs (taux actuel). Le chiffre de mortalité, qui était de 20 0/0 avant l'établissement de la ferme, n'est plus maintenant que de 1. Ainsi, à Beddington, l'irrigation par les eaux d'égout non-seulement n'a pas déprécié la valeur de la propriété et fait tort à la vie humaine, mais elle a été avantageuse à l'un et à l'autre. Et ce ne sont pas là les seuls résultats heureux. La terre, naturellement pauvre, avant d'être employée à l'utilisation des eaux d'égout, se louait à 30 francs l'acre; aujourd'hui elle se loue de 63 à 90 francs l'acre, et les propriétaires, au lieu de 13,000 francs par an, tirent maintenant de ces terres un revenu de plus de 132,000 francs.

Puisse la connaissance de ces détails servir d'encouragement.

ANNEXE N° 5

Extrait des documents anglais publiés en 1877, par la Préfecture de la Seine. (Opinion de M. Frankland.) (*Pages 102, 103.*)

Influence de l'irrigation sur la santé.

Ce n'est qu'après des enquêtes prolongées sur l'influence que peut avoir sur la santé publique l'établissement de prairies arrosées avec des eaux d'égout, dans le voisinage des villes, que nous recommandons le système des irrigations pour faire disparaître les immondices des villes. Ces enquêtes ont été faites à Édimbourg, à Croydon, à Norwood et à Barking, où les irrigations ont été pratiquées assez longtemps et, du moins près d'Edimbourg, avec assez de négligence pour permettre à tous les inconvénients de ce système de se développer librement. Nous n'avons nulle part constaté de cas de maladie qui puisse s'attribuer particulièrement à la malaria ou à d'autres causes se rattachant aux irrigations. Le docteur Little-John nous a dit qu'à Edimbourg, quoique en sa qualité de médecin de la ville il ne vît pas d'un bon œil l'existence, dans ses faubourgs, de prairies arrosées avec les eaux d'égout, il n'avait jamais pu ratttacher les maladies de certains quartiers d'Edimbourg aux prairies de Craigentinny. Le professeur Christison aussi, président de la Société royale d'Edimbourg, dans un discours prononcé devant l'Association pour l'encouragement des sciences sociales à Edimbourg, au mois d'octobre 1863, s'exprime ainsi au sujet de ces prairies: « J'ai dernièrement pris des informations minutieuses sur cet établissement fameux et trop odorant; il y a plusieurs années, j'avais des préjugés contre les prairies, mais j'y ai renoncé. Je me suis assuré qu'on ne trouve dans le voisinage ni typhus, ni fièvre entérique, ni dyssenterie, ni choléra, en temps d'épidémie ou autrement, plus fréquemment que dans tout autre district agricole du voisinage. Il y a vingt-cinq ans, on disait que la cavalerie logée dans les casernes de Piershill, situées très-près de ces prairies, était très-sujette aux maladies provenant des miasmes; on assurerait aussi que, chez les officiers, il était impossible de conserver de viande sans qu'elle se gâtât immédiatement. Cependant, soit que la prévention ait trompé quelques esprits, soit que les opérations soient mieux dirigées, je tiens de M. Lockwood, chirurgien des Scots Greys, qui ont occupé deux ans la caserne de Piershill, que le maître d'hôtel du régiment n'a jamais observé que la viande se gâtât ; et le chirurgien lui-même a constaté que tous les hommes du régiment étaient, à un degré remarquable, exempts des maladies ordinaires. Comme le système d'irrigation en usage à Craingentinny vient d'être appliqué dans le voisinage de plusieurs autres grandes villes, j'ai cru devoir établir ces faits d'une manière publique, »

ANNEXE N° 6

Extrait des documents anglais. — Opinion du « Local Government Board », 1876. *(Pages 150, 151.)*

Les irrigations par les eaux d'égout ne sont pas nuisibles à la santé.

On n'a point constaté que les maladies fussent plus fréquentes qu'ailleurs sur la ferme de Craigentinny ou dans son voisinage. On nous dit que les hommes qui travaillent dans les champs et au milieu des eaux d'égout ont une bonne santé, que ceux qui coupent l'herbe se portent bien et que les vaches qui mangent cette herbe sont aussi saines que les autres et donnent un lait très-sain; quant au tœnia, les médecins des hôpitaux d'Édimbourg en trouvent plutôt moins de cas qu'il n'y en a dans d'autres hôpitaux. A l'époque où Macaulay était représentant de la ville d'Édimbourg et secrétaire parlementaire de la guerre, le ministre de la guerre fit une étude approfondie sur les prairies de Craigentinny. On s'était plaint que le voisinage des champs irrigués et les effluves qui s'en exhalaient produisissent des maladies parmi les soldats des casernes situées près de là. Des médecins militaires firent une enquête officielle, ils prirent les états constatant les maladies et la mortalité observée pendant les vingt dernières années dans des casernes situées dans différentes parties de la Grande-Bretagne où se trouvaient des troupes aussi nombreuses et chargées du même service, réduisirent ces états en tableaux et reconnurent que les casernes voisines des prairies arrosées d'eaux d'égout à Édimbourg présentaient le chiffre de maladies et de mortalité le plus faible de tout l'ensemble. Ainsi furent réduites à néant les allégations portées contre les prairies de Craigentinny. On ne doit pas, cependant, supposer que nous soyons en faveur d'irrigations faites aussi grossièrement ; nous avons seulement voulu prouver par l'exemple précédent que l'application à une ferme d'eaux d'égout putrides et impures sous leur forme la plus grossière n'engendre pas nécessairement une épidémie, bien qu'un si mauvais système puisse produire un inconvénient qui ne devrait pas être toléré. Mais il n'est pas prouvé que ces prés d'Édimboug soient malsains ; toutefois, il est certain que l'on pourrait faire ces irrigations avec beaucoup plus de propreté en construisant des réservoirs de dépôt pour séparer les matières solides contenues dans l'eau, et en établissant des conduites principales que l'on nettoierait d'une manière régulière. Dans tous les cas, l'emploi des eaux d'égout doit être fait de façon à gêner le moins possible les habitants du voisinage, quand même les précautions nécessaires devraient quelquefois entraîner des frais additionnels.

ANNEXE N° 7

Extrait de l'ouvrage de M. C. de Freycinet. (Emploi des Eaux d'Égout en France et à l'Étranger.) (*Pages 128 et 129.*)

Conclusions.

En résumé, les procédés chimiques appliqués à l'épuration des eaux d'égout ont constamment présenté jusqu'ici les inconvénients ci-après :

1° Ils nécessitent des manipulations qui affectent plus ou moins la salubrité du voisinage. Le curage des bassins de dépôt et la dessiccation des boues sont, en effet, accompagnés d'odeurs qu'il paraît à peu près impossible d'éviter quand on opère en grand ;

2° La séparation des matières n'est jamais complète : il subsiste toujours en grande quantité dans les eaux vannes, soit à l'état de suspension, soit surtout à l'état de dissolution, des principes fertilisants qui sont une cause de corruption pour les cours d'eau en même temps qu'une perte pour l'agriculture ;

3° La valeur commerciale de l'engrais obtenu est inférieure à son prix de revient, sinon au lieu même de production, du moins à quelque distance : or, quand on traite les eaux d'une grande ville, la totalité de l'engrais ne peut être consommée qu'à la condition d'être exportée dans un rayon étendu.

Ces conclusions défavorables ne s'appliquent bien évidemment qu'aux ingrédients chimiques essayés jusqu'à ce jour. Il n'est point dit que quelque autre substance, encore inconnue, ne sera pas susceptible de résoudre le problème d'une manière satisfaisante, et à ce point de vue le champ reste ouvert aux expériences. Toutefois, il faut bien le reconnaître, un tel ensemble de résultats négatifs constitue une forte présomption contre cette classe de procédés, et la prudence ne permet guère d'espérer le succès dans une voie où tant de tentatives ont déjà échoué.

En Angleterre, toutes les entreprises qui se sont fondées en vue d'appliquer un traitement chimique, après avoir subi des pertes considérables, ont successivement discontinué leurs opérations, et dans ce pays où l'on n'abandonne pas facilement une idée qu'on a cru juste, on a cependant renoncé complètement à celle-là. De plus, en Belgique, où l'on s'est livré à une longue et consciencieuse enquête sur la question, et où les propositions séduisantes n'ont pas manqué pour l'application des procédés chimiques, on est arrivé exactement aux mêmes conclusions qu'en Angleterre.

ANNEXE N° 8

Extrait du Rapport présenté par M. LAUTH au Conseil municipal de Paris (annexe au procès-verbal de la séance du 15 novembre 1875).

L'assainissement de la Seine s'imposait donc à l'Administration non seulement à cause des dangers d'infection générale qui en pouvaient résulter, et par conséquent de la salubrité publique, mais aussi par cette considération d'un autre ordre, qu'il est inadmissible que les intérêts de la banlieue soient sacrifiés à ceux de la Ville.

Les Ingénieurs de Paris ont étudié successivement tous les procédés auxquels on pouvait songer pour atteindre ce but; ils ont écarté la filtration, la décantation, la dilution, qui peuvent donner de bons résultats lorsqu'il s'agit de volumes d'eau peu importants, mais qui sont inapplicables quand il s'agit d'une véritable rivière, comme le collecteur d'Asnières, dont le débit atteint et dépassera prochainement 300,000 mètres cubes par jour.

Ils se sont attachés ensuite à l'examen des procédés chimiques d'épuration et ont porté leur attention, parmi les agents qui ont été proposés, notamment sur la chaux, le perchlorure de fer, le phosphate de magnésie, etc. Les résultats obtenus ont été insuffisants. Le procédé qui s'est rapproché le plus d'une solution pratique est celui de M. l'Inspecteur général Le Châtelier, qui proposa de traiter les eaux par le sulfate d'alumine : cet agent détermine l'entraînement des matières en suspension, en réalisant une sorte de collage; malheureusement, la dépense occasionnée par ce procédé est d'environ 1 centime par mètre cube, soit environ 3,000 francs par jour; de plus, on se trouve en présence d'une autre difficulté, celle de l'enlèvement de masses considérables de dépôts assez peu riches en matières fertilisantes; enfin, comme il était facile de le prévoir, la purification est incomplète, puisque les matières organiques azotées, solubles dans l'eau, ne sont pas précipitées par le sulfate d'alumine, et qu'elles continuent à être entraînées par le fleuve, où elles ne tardent pas à entrer en décomposition.

ANNEXE N° 9

Extrait de la brochure publiée par M. Ronna, intitulée irrigation ou épuration chimique.

(*Pages 61 et 62.*)

19. — Aucune des villes anglaises épurant chimiquement ne retire des avantages pécuniaires du traitement suivi ; au contraire, le coût par habitant est plus élevé que celui des villes appliquant l'épuration par le sol ; et sans compensation aucune pour l'avenir.

20. — L'épuration par la chaux, qui est de règle pour la plupart des villes anglaises, *est condamnable au point de vue hygiénique et ruineuse par la dépense de traitement et l'inutilisation des boues précipitées comme engrais.*

. . . .

. . . .

. . . .

30. — La combinaison des procédés d'épuration chimique avec ceux de l'irrigation est à repousser comme entraînant en pure perte les villes à des sacrifices plus considérables que n'en exigerait chacun des procédés pris isolément.

ANNEXE N° 10

Extrait du Rapport de la Commission d'enquête sur les projets de la Ville de Paris, pour l'épuration des eaux d'égout. (M. Schlœsing, rapporteur.) (*Pages 22, 23, 24, 25.*)

2° Procédés chimiques.

Les procédés chimiques reviennent tous à introduire dans les eaux d'égout une ou plusieurs substances ayant la propriété d'accélérer la précipitation des matières en suspension et d'y englober, autant que possible, les matières organiques solubles. Quelques-uns de ces procédés ont obtenu en Angleterre un grand retentissement, entre autres le procédé dit ABC, fondé sur l'emploi simultané de l'alun, de l'argile et du charbon de tourbe. Un grand nombre de substances ont été recommandées comme agents d'épuration : la chaux, les sels d'alumine, l'argile, divers charbons, les dissolutions acides de phosphates naturels, des sels de magnésie, les chlorures et sulfate de fer.... Parmi elles, l'argile et surtout le charbon paraissent les plus propres à entraîner les matières organiques solubles ; tout le monde sait que le charbon désinfecte, qu'il absorbe les matières colorantes, extractives, etc. ; mais lors même qu'on étendrait cette propriété à toutes les matières solubles, l'emploi du charbon ne serait pas moins rendu impossible, en pratique, par l'énorme quantité qu'il en faudrait pour purifier la masse des eaux d'égout de Paris. Quant aux produits chimiques proprement dits, ils peuvent bien être d'excellents clarificateurs, mais ils n'exercent sur les matières solubles qu'une action très-limitée : celles-ci demeurent dissoutes, les eaux traitées restent trop riches en matières putrescibles et ne peuvent être admises dans les rivières. Telle est la conclusion générale des épreuves auxquelles les procédés chimiques ont été soumis en Angleterre.

La Commission a examiné tout spécialement un procédé imaginé par M. Knab, habile chimiste, qui a installé à Gennevilliers une petite usine de démonstration. On trouvera, parmi les procès-verbaux des séances, le compte-rendu, à la date du 7 juillet, de la visite de cette usine par la Commission. La liqueur employée par M. Knab est une dissolution d'un phosphate des Ardennes, à la fois calcaire et ferrugineux, dans l'acide chlorhydrique. La précipitation se fait nettement et rapidement ; mais elle n'entraîne et ne peut entraîner qu'une minime fraction des matières organiques solubles : un échantillon du liquide soi-disant épuré, recueilli par un des membres de la Commission et conservé dans une bouteille, s'est complétement putréfié au bout de deux ou trois jours.

Comme preuve de l'épuration qu'il obtient, M. Knab a montré à la Commission du cresson et des petits poissons vivant dans l'eau traitée par son procédé. Ce genre de démonstration n'a pas l'autorité que lui accorde M. Knab; l'état satisfaisant du cresson et des poissons prouve seulement que l'eau traitée, après avoir coulé, sous une faible épaisseur, dans une rigole en bois, d'où elle tombe en cascade sur le sol, après s'être étalée en couche mince à la surface des planches garnies de cresson, a dissous, dans son trajet, assez d'oxygène aérien pour devenir un milieu habitable par des êtres végétaux et animaux. Pourquoi ceux-ci seraient-ils gênés par les matières demeurées en dissolution? L'ammoniaque profite au cresson, et les matières organiques semblent convenir aux poissons, puisqu'on les voit fréquenter, dans les rivières, le voisinage des débouchés des eaux sales : au barrage de Marly, la Seine est encore très-infectée, et ses eaux ne contiennent que 1cc9 d'oxygène; cependant le poisson remonte et se tient là.. .... volontiers, attiré probablement par l'abondance des aliments.

Il ne faut donc pas confondre l'aération de l'eau, nécessaire à la vie de certains êtres, avec son épuration. Les matières organiques, au sein de l'eau, peuvent brûler assez lentement pour que l'eau conserve, malgré leur présence, de l'oxygène dissous, surtout si on la met, comme le fait M. Knab, dans des conditions de mouvement et de surface qui favorisent l'absorption de ce gaz. Mais qu'on ne s'y trompe pas : quand cette eau sera enfermée, quand son oxygène, consommé par la matière organique, ne pourra plus être renouvelé, la putréfaction surviendra pour démontrer son insalubrité.

Indépendamment de leur inefficacité au point de vue de l'épuration, les procédés chimiques soulèvent, sous d'autres rapports, des objections fondées. Par leur emploi, on se propose presque toujours d'obtenir une épuration après laquelle les eaux d'égout seront déversées dans les rivières; mais alors, on renonce absolument à utiliser les principes fertilisants, tels que la potasse et l'ammoniaque, qu'elles renferment en dissolution. Proposera-t-on de réserver les eaux épurées pour l'emploi agricole et de les faire servir à l'irrigation? Mais alors est-il bien nécessaire d'accumuler dans une usine les matières insolubles précipitées, qu'il faudra toujours sécher et exporter, au lieu de les laisser conduire naturellement par les eaux dans les champs où elles trouveraient une utilisation immédiate? Ce mode de transport est d'ailleurs le seul que les matières en suspension puissent supporter : l'engrais qu'elles constituent, après leur précipitation, est trop pauvre pour voyager d'une autre façon; il faut pourtant qu'il voyage, car on n'en veut pas sur les lieux de production : il est toujours préparé dans le voisinage des villes, et celles-ci fournissent en abondance, autour d'elles, le fumier, la gadoue et d'autres matières plus riches encore. Les précipités des eaux d'égout ne peuvent lutter avec ces engrais, et il en résulte qu'on ne sait que faire d'une marchandise sans emploi sur place et non transportable autre part.

En résumé, les procédés chimiques proposés jusqu'à présent sont absolument insuffisants sous le rapport de l'épuration des eaux d'égout; on peut leur reprocher, en outre, de négliger entièrement la question de l'utilisation de ces eaux et de ne produire qu'un engrais le plus souvent sans valeur. En se prononçant de la sorte, la Commission est bien loin de condamner d'avance tout procédé de cet ordre ; il n'entre pas dans sa pensée de nier le progrès d'une science qui, chaque jour, fournit à l'industrie de nouveaux moyens d'action. Mais la Ville de Paris ne peut attendre l'invention, qu'on n'entrevoit pas encore, de quelque procédé plus parfait, et laisse écouler jusque-là dans la Seine les collecteurs de Clichy et de Saint-Denis.

ANNEXE N° 11

Extrait du rapport présenté par MM. Schlœsing et Durand-Claye au Congrès international d'Hygiène de Paris (août **1878**).

1° Procédés mécaniques.

Les procédés mécaniques comprennent le simple dépôt des matières solides dans des bassins (*subsidence* des Anglais) et la filtration à travers des matières diverses. Aucun de ces procédés n'assure l'épuration des eaux d'égout. Le repos dans des bassins sépare simplement les matières les plus lourdes et les plus encombrantes, la plupart du temps inertes, mais laisse subsister toutes les matières dissoutes et même les matières solides, ténues et légères, telles que les pailles, débris organiques divers, et même l'argile qui reste presque indéfiniment en suspension dans l'eau, même maintenue au repos absolu. En outre, la masse de dépôts solides concentrée en un seul point par ce système est une cause grave d'embarras et d'insalubrité ! Il s'agirait pour les villes comme Paris ou Londres de 300 à 400 mètres cubes par jour. L'extraction de ces dépôts, leur manutention, leur transport, leur déchargement sont autant d'opérations coûteuses et dangereuses.

La *filtration,* soit à travers des substances inertes, telles que sables, coke, etc., soit à travers des toiles métalliques fixes ou mobiles, prête aux mêmes objections. Quand on filtre l'eau d'égout, on obtient, en effet, un liquide limpide, peu coloré et peu odorant si l'eau n'est pas encore corrompue. Mais ce liquide contient encore toute la matière organique soluble dont on ne peut méconnaître les dangers après ce qui en a été dit plus haut. Si les eaux d'égout de Paris ou de toutre autre ville étaient simplement filtrées ou décantées avant leur déversement au fleuve, celui-ci serait affranchi, sans doute, des dépôts vaseux qui encombrent aujourd'hui son lit; mais ces eaux, tout en demeurant limpides et pures en apparence, ne seraient pas moins souillées par les matières organiques solubles des eaux d'égout, et rendues par elles impropres aux usages domestiques. Cette seule considération suffit pour condamner les procédés de prétendue épuration fondée sur la filtration ou décantation, quel que soit d'ailleurs le mérite des dispositions mécaniques adoptées. Aussi toutes les commissions d'enquête, françaises ou anglaises, ont-elles énergiquement condamné ces procédés. Les applications faites à Reims (dépotoirs de Saint-Charles), Birmingham, Blackburn, Newcastle-unter-Line, etc., ont toutes démontré l'imperfection, la cherté et le danger du système.

2° Procédés chimiques.

Les procédés chimiques reviennent tous à introduire dans les eaux d'égout une ou plusieurs substances ayant la propriété d'accélérer la précipitation des matières en suspension et d'y englober, autant que possible, les matières organiques solubles. Les eaux d'égout, renfermant des matières minérales ou organiques très-diverses, qui leur donnent généralement une réaction alcaline, se prêtent à des réactions chimiques dont elles deviennent un des éléments; si l'on arrive à produire dans leur sein un précipité gélatineux ou floconneux, ce précipité peut tomber au fond de bassins convenablement disposés, entraînant avec soi les matières solides contenues dans le liquide impur et laissant échapper par un déversoir d'aval une eau suffisamment claire.

Le nombre des systèmes de clarification chimique est considérable; en Angleterre seulement, de 1856 à 1876, 421 procédés ont été brévetés. Nous citerons parmi les principaux : la chaux, le sulfate d'alumine, le phosphate d'alumine, le système ABC mélange complexe d'argile, de sang, de charbon, de chaux, des sels d'alumine, les dissolutions acides de phosphates naturels (procédé Knab), les sels de magnésie, les chlorures et sulfate de fer, le système Holden (sulfate de fer, chaux et charbon), modifié à Reims par l'emploi de lignites pyriteuses naturelles et l'addition de phosphates de chaux dissous, etc. Tous ces réactifs, plus ou moins complexes, peuvent être d'assez bons clarificateurs, mais ils n'exercent sur les matières solubles qu'une action très-limitée; celles-ci demeurent dissoutes; les eaux traitées restent riches en matières putrescibles et ne peuvent être admises dans les rivières. Le Dr Frankland, dans le rapport sur la pollution des rivières dans les bassins de la Mersey et de la Bibble a résumé de la manière suivante les très-nombreuses analyses auxquelles il s'est livré :

RÉACTIFS	QUANTITÉ POUR CENT DE MATIÈRES ÉLIMINÉES PAR LES RÉACTIFS		
	Carbone organique dissous	Azote organique dissous	Matières organiques suspendues
Chaux	23 à 36 0/0	10 à 66 0/0	60 à 97 0/0
Procédés ABC.	26 à 35 0/0	50 à 59 0/0	87 à 96 0/0
Chaux et chlorure de fer.	50 0/0	37 0/0	99 0/0
Sulfate d'alumine. . . .	4 0/0	48 0/0	79 0/0
Système Holden (sulfate de fer, chaux, charbon).	3 à 43 0/0	»	100 0/0
MOYENNE.	28 0/0	37 0/0	96 0/0

Il conclut à l'exclusion de tout cours d'eau de liquides conservant de telles impuretés et restant encore si riches en éléments fermentescibles, caractérisés par le carbone et l'azote organique. Comme exemples caractéristiques d'application et d'expérimentation en grand des procédés chimiques, nous rappellerons le système Wicksted (lait de chaux) à Leicester, et le système Le Châtelier (sulfate d'alumine) à Paris. L'installation de Leicester présentait une série d'appareils mécaniques perfectionnés pour l'addition et le mélange du lait de chaux, pour l'extraction et le séchage des dépôts; mais les frais d'intallation (plus de 700,000 fr.) et les frais d'exploitation amenèrent promptement la ruine de l'entreprise; les produits obtenus ne trouvaient pas de clientèle, même à un prix de vente moitié du prix de revient; les eaux affluentes n'assuraient pas du reste la purification de la rivière où elles se déversaient.

A Paris, il a été procédé à des essais prolongés et multipliés sur le sulfate d'alumine proposé par l'Inspecteur général des mines Le Châtelier, 600,000 à 700,000 mètres cubes d'eau d'égout ont subi, à diverses reprises, ce traitement, et sont sorties clarifiées des bassins. Mais il y aurait une erreur profonde à confondre ces eaux ainsi clarifiées avec des eaux réellement épurées. Le sulfate d'alumine, après s'être décomposé en présence de l'alcalinité des eaux d'égout et avoir donné de l'alumine à l'état de gélatine grenue, effectue simplement une opération mécanique de collage; les matières solides sont entraînées au fond des bassins ; les matières dissoutes, y compris les matières organiques fermentescibles, restent dans l'eau claire. C'est ce que l'analyse chimique démontre surabondamment; le tableau suivant donne en effet le résumé d'analyses poursuivies pendant les années 1867-1868 :

	Eau d'égout naturelle.	Eau épurée au sulfate d'alumine.
Azote	0 k 037	0 k 021
Matières volatiles et combustibles. . .	0 729	0 740
Matières minérales	2 038	0 724
Total.	2 k 804	0 k 985

L'eau épurée contient donc les deux tiers de l'azote total de l'eau d'égout et le tiers des matières volatiles en combustibles, lesquelles sont en grande partie organiques. Il convient d'ajouter, à la décharge du sulfate d'alumine, qu'il renferme habituellement un excès d'acide sulfurique, que cet acide agit comme un antiseptique pour retarder la fermentation, et que les eaux clarifiées ne présentent plus les décompositions intenses qu'offrait l'eau d'égout à l'état naturel. Mais elles sont encore loin de pouvoir servir aux usages domestiques les plus simples ; elles n'ont aucun caractère des eaux potables, et leur introduction dans le fleuve, tout en constituant une amélioration sur l'état actuel, ne saurait être considérée comme absolument inoffensive. D'ailleurs, appliqué en grand, le procédé exigerait l'installation de vastes bassins incommodes et insalubres, qui, pour Paris, couvriraient une surface de 15 à 20 hectares; il laisserait, en outre, des masses énormes de dépôts boueux dans les bassins : on se rappelle que le cube annuel des vases d'égout de Paris n'est pas inférieur à 200,000 mètres cubes. Se représente-t-on cette quantité énorme, séchant sur plusieurs hectares de superficie, maniée ensuite pour être chargée soit sur des voitures, soit en bateau ? Ces dépôts ont-ils, du reste, une forte valeur agricole ? Aucunement : ils dosent aux 1,000 kilogrammes 6 à 8 kilogrammes seulement d'azote perdus dans une masse de matières minérales ou terreuses ; une longue pratique a démontré que ces dépôts ont la valeur agricole des terreaux de bonne qualité ou de la gadoue consommée, produits avec lesquels ils ont la plus grande similitude. La valeur vénale de ces engrais ne dépasse guère, rendus à pied d'œuvre, 6 à 8 fr. la tonne. Or que coûterait cette même tonne de résidus des bassins ? En réactifs seuls elle aurait absorbé pour sa production 8 à 10 fr., c'est-à-dire tout ce qu'elle vaut, sans même compter les frais d'élévation des eaux, la manipulation des dépôts, leur transport, etc., opérations qui augmenteraient encore la dépense dans de notables proportions. La question financière suffirait à elle seule pour empêcher de songer sérieusement à l'application du système à la totalité des eaux d'égout. La longue expérience de la ville de Paris ne permet pas d'espérer une dépense d'épuration inférieure à 0 fr. 01 c. par mètre cube traité ; ce serait donc par an une dépense de 1,000,000 fr. pour les 100 millions de mètres cubes vomis par les collecteurs, rien qu'en réactifs. Il resterait à ajouter tous les autres frais, élévation des eaux, etc. Une pareille dépense est absolument hors de proportion avec le résultat imparfait obtenu.

Les résultats auxquels a conduit l'expérience de Paris, peuvent s'appliquer à tous les autres systèmes analogues.

D'une manière générale, indépendamment de leur efficacité au point de vue de l'épuration, les procédés chimiques soulèvent, sous d'autres rapports, des objections fondées. Par leur emploi, on se propose presque toujours une épuration après laquelle les eaux d'égout seront déversées dans les rivières ; mais alors, on renonce absolument à utiliser les principes fertilisants, tels que la potasse et l'ammoniaque qu'elles renferment en dissolution ; proposera-t-on de réserver les eaux épurées pour l'emploi agricole et de les faire servir à l'irrigation ?

Mais alors est-il bien nécessaire d'accumuler dans une usine les matières insolubles précipitées, qu'il faudra toujours sécher et exporter, au lieu de les laisser conduire naturellement par les eaux dans les champs où elles trouveraient une utilisation immédiate ? Ce mode de transport est d'ailleurs le seul que les matières en suspension puissent supporter : l'engrais qu'elles constituent, après leur précipitation, est trop pauvre pour voyager d'une autre façon ; il faut pourtant qu'il voyage ; car on n'en veut pas sur les lieux de production : il est toujours préparé dans le voisinage des villes, et celles-ci fournissent en abondance, autour d'elles, le fumier, la gadoue et d'autres matières plus riches encore. Les précipités des eaux d'égout ne peuvent lutter avec ces engrais, et il en résulte qu'on ne sait que faire d'une marchandise sans emploi sur place et non transportable autre part.

En résumé, les procédés chimiques proposés jusqu'à présent sont absolument insuffisants sous le rapport de l'épuration des eaux d'égout ; on peut leur reprocher, en outre, de négliger entièrement la question de l'utilisation de ces eaux et de ne produire qu'un engrais le plus souvent sans valeur.

Aussi toutes les commissions françaises et anglaises concluent-elles au rejet des procédés chimiques comme solution définitive et complète de l'assainissement des rivières. La Commission ministérielle de 1874, à l'unanimité de ses membres, a été d'avis « que l'épuration par les procédés chimiques ne pouvait constituer une solution générale et pratique de la question. Elle ne peut lui donner un autre caractère que celui d'un palliatif cher et imparfait. » — « Les procédés chimiques d'épuration connus jusqu'à présent sont insuffisants, dit de son côté la Commission d'enquête de 1876, parce qu'ils n'éliminent qu'une fraction assez faible des matières organiques solubles. La ville de Paris ne peut attendre l'invention de quelque procédé assez parfait qu'on ne prévoit pas encore. » La Commission anglaise, dont faisait partie le Dr Frankland, après avoir constaté l'infériorité évidente des procédés chimiques sur les procédés naturels dans son premier rapport *(Mersey and Ribble bassins)* et avoir consacré un rapport entier à l'examen et à la critique du système A B C, ne s'occupe même plus dans ses rapports subséquents de cette solution de la question d'assainissement, qu'elle considère comme jugée et condamnée.

Sans repousser de parti-pris tout procédé de cet ordre, sans nier le progrès d'une science qui, chaque jour, fournit à l'industrie de nouveaux moyens d'action nous ne pouvons que constater les faits résultant de systèmes et d'expérimentations nombreuses et que conclure à la nécessité de chercher ailleurs des procédés qui permettent non plus seulement de clarifier les eaux d'égout, mais encore de les *épurer* dans le sens précis et scientifique du mot.

8

ANNEXE N° 12

Extrait du rapport présenté par M. Schlœsing à la Commission d'enquête de la Seine sur l'avant-projet d'un canal d'irrigation de Clichy à la forêt de Saint-Germain. (*Pages 33, 34 35, 36.*)

Détermination du pouvoir épurateur du sol.

Ce pouvoir doit toujours être déterminé par une expérience directe. C'est au docteur Frankland qu'on doit la méthode usitée en pareil cas. Un tube vertical de 25 à 30 centimètres de diamètre sur 2 mètres de long, et dont l'extrémité inférieure s'appuie sur du gravier contenu dans un bassin, est rempli avec la terre dont il s'agit de reconnaître le pouvoir. Chaque jour, on verse sur la terre un volume connu et constant d'eau d'égout, assez faible pour que l'épuration soit parfaite, et on continue le même régime pendant plusieurs semaines ; puis on passe à une dose journalière d'eau d'égout plus élevée et on la maintient encore pendant plusieurs semaines, et ainsi de suite, en augmentant toujours la dose, jusqu'à ce que l'analyse des liquides filtrés annonce qu'on a atteint la dose maxima à partir de laquelle l'épuration est imparfaite. La capacité du tube étant d'ailleurs comme, on calcule sans peine la dose correspondant à un mètre cube de terre. M. Frankland a montré ainsi que :

1 mètre de sable épure par jour 25 et même 33 litres d'eau d'égout de Londres ;

1 mètre de sable mêlé de craie épure par jour les mêmes quantités d'eau.

Des terres sableuses, argileuses, tourbeuses, lui ont fourni des résultats égaux ou supérieurs.

Dans des essais de ce genre, il importe que la terre mise en expérience représente fidèlement le sol dont il s'agit de mesurer le pouvoir épurateur. Or, le plus souvent, ce sol n'est pas homogène : il se compose de plusieurs couches de composition différente. Il faut que chacune de ces couches occupe sa place dans l'appareil, comme si l'on avait découpé dans toute l'épaisseur du sol un cylindre de terre vertical et qu'on l'eût transporté dans un tube.

Quand l'expérience a appris combien de litres d'eau peuvent être épurés par un mètre cube de terre, on en réduit sans peine les données qu'il importe de posséder, savoir : la quantité d'eau qu'un hectare peut recevoir par jour ou par an, et le temps pendant lequel l'eau demeure suspendue dans le sol, c'est-à-dire le temps nécessaire pour l'épuration.

Par exemple, 1 mètre cube de sable épure par jour, dans les expériences de M. Frankland, 25 litres d'eau d'égout de Londres;

Donc, dans un sol pareil, ayant 2 mètres d'épaisseur, chaque mètre superficiel pourra recevoir 50 litres d'eau par jour, soit, pour un hectare, 500 mètres cubes par jour et 182,000 mètres cubes par an.

D'autre part, soit 150 litres la quantité d'eau qu'un mètre cube de sol égoutté peut retenir (ce nombre est facile à déterminer expérimentalement, en pesant le tube plein de terre sèche avant l'introduction de l'eau et le repesant de nouveau après le mouillage et égouttage).

Puisque 1 mètre épure par jour 25 litres,

Et qu'il en retient suspendus 150,

L'eau y demeure $\frac{150}{25} = 6$ jours.

Tel est le temps strictement suffisant pour l'épuration, dans le cas présent.

Autre exemple :

MM. les Ingénieurs de la ville de Paris ont fait passer journellement 10 litres d'eau d'égout sur 1,280 litres de terre de Gennevilliers, formant dans une caisse un prisme de 2 mètres de haut sur $0^m,80$ de large.

L'épuration a été complète.

Ces 10 litres par jour donnés à 1,280 litres de terre représentent :

7 litres 81 par jour donnés à 1 mètre cube ;

Soit 15 litres 6 à chaque mètre superficiel d'un sol pareil ayant 2 mètres de profondeur ;

Soit 156 mètres cubes par jour à 1 hectare;

Soit 57,000 mètres cubes par an à 1 hectare.

Quel est le temps employé par l'eau à parcourir les 2 mètres de hauteur du sol ?

A 1 mètre superficiel correspondent 2 mètres de terre retenant 300 litres, et chaque mètre superficiel reçoit par jour 15 litres 6.

Temps : $\frac{300}{15\,1.6} = 19$ jours.

MM. les Ingénieurs de la Ville n'ont pas essayé des doses supérieures à 10 litres pour déterminer, selon la méthode de M. Frankland, la dose limite au delà de laquelle l'épuration ne serait plus complète. Il en résulte que la dose annuelle de 57,000 mètres cubes par hectare ne peut être envisagée comme une dose maxima pour la terre de Gennevilliers ; par la même raison, les 19 jours trouvés par le calcul ci-dessus ne sont pas un temps minimum de séjour de l'eau dans le sol.

La détermination du pouvoir épurateur d'un sol par le procédé de M. Frankland a permis à des praticiens anglais de calculer, en plusieurs occasions, la surface qu'ils devaient consacrer à l'épuration d'un volume d'eau d'égout produit journellement par une ville. Quand on transporte ainsi dans la pratique un résultat acquis dans le laboratoire, il faut toujours se rappeler que l'application en grand ne saurait réaliser les conditions de régularité dans les intermittences des arrosages et dans les doses, qu'il est facile d'obse ver dans l'expérience en petit. Les doses maxima déterminées dans le laboratoire doivent donc subir une réduction ; néanmoins, même en faisant une part très-large aux imperfections inévitables de la pratique, c'est-à-dire en forçant l'étendue du terrain destiné à l'épuration, on est arrivé, en Angleterre, à faire épurer sur des surfaces limitées des quantités considérables d'eau d'égout, s'élevant jusqu'à 200,000 mètres cubes par an et par hectare.

L'application la plus connue du procédé d'épuration par filtrage à travers le sol est celle qui a été faite par M. Bailey-Denton à Merthyr-Tydfil, en 1870, et dont les résultats ont été vérifiés par MM. Frankland et Morton. L'irrigation est pratiquée à raison de 180 à 240,000 mètres cubes par hectare et par an ; le sol filtrant a une profondeur de 2 mètres ; c'est une argile placée sur du gros gravier ; l'épuration est aussi complète qu'on peut le désirer. Sans doute la dose maxima qu'un sol peut épurer varie selon sa composition et sa richesse en terreau ; celui de Merthyr-Tydfil est probablement l'un des plus favorisés sous ce rapport. Il n'en est pas moins constant qu'en Angleterre, *quand il s'est agi simplement d'épurer les eaux d'égout par filtration à travers le sol,* la dose annuelle a été comprise entre 80 et 200,000 mètrss cubes par hectare, le sol ayant une épaisseur utile de $1^{m},08$ à 2 mètres.

En recueillant ces renseignements divers sur le pouvoir épurateur du sol, la Commission s'est proposé principalement de former son opinion sur les quantités d'eau d'égout que peuvent épurer les terrains de la presqu'île de Gennevilliers et ceux fort analogues par leur constitution que l'avant-projet à l'enquête destine à l'irrigation. Les expériences faites d'après la méthode Frankland, à l'usine de Clichy, montrent qu'un hectare de sol de Gennevilliers peut épurer coplétmement 57,000 mètres cubes d'eau ; mais ce chiffre n'est point une limite supérieure. D'autre part, les expériences de M. Frankland assignent, même aux sols graveleux, un pouvoir épurateur beaucoup plus élevé. Aussi, la Commission se croit autorisée à admettre avec une entière certitude que le sol de Gennevilliers, pris sous une épaisseur utile de 2 mètres, peut épurer 50,000 mètres cubes d'eau d'égout de Paris par hectare et par an, pourvu que toutes les conditions d'intermittences rapprochées et régulières et d'évacuation des eaux soient remplies. Il est très-probable que cette dose de 50,000 mètres cubes pourrait être dépassée sans inconvénient; néanmoins, la Commission la considère comme une dose maxima imposée aujourd'hui par le manque de surface irrigable et qu'il conviendra d'abaisser dès qu'une étendue suffisante de terrain le permettra.

ANNEXE N° 13

Extrait de l'ouvrage de M. C. de Freycinet. (Emploi des Eaux d'égout en France et à l'étranger.) (*Page 115.*)

Une autre condition sans laquelle une entreprise d'irrigations serait également rendue à peu près impossible, c'est la faculté d'exproprier les terrains nécessaires à l'arrosage. Pour l'emplacement de l'Aqueduc et des ouvrages d'art, cela va de soi : il ne saurait être question de procéder sans expropriation ; on l'a concédée en Angleterre où on l'avait refusée aux chemins de fer : à plus forte raison le concéderait-on en France. Mais nous voulons parler des surfaces destinées à recevoir l'eau : il est indispensable, disons-nous, de pouvoir les exproprier.

ANNEXE N° 14

Extrait du rapport de M. Orsat à la 3e Sous-Commission chargée d'étudier l'influence exercée dans la presqu'île de Gennevilliers par l'irrigation en eau d'égout sur la valeur vénale et locative des terres de culture. *(Pages 22-23.)*

Les cultivateurs de la plaine, interrogés sans parti pris, reconnaissent et chiffrent ainsi qu'il suit l'augmentation de valeur locative due à l'irrigation.

L'arpent (0 h. 34 a. 19) se louait autrefois 50 francs, aujourd'hui il vaut 150 francs : c'est donc une plus-value de 308 francs l'hectare, et nous l'avons vu, la plus-value s'étend tout aussi bien aux terres de 1re qu'à celles de 5e classe. Essayons de chiffrer l'importance totale de ce résultat en admettant que l'irrigation atteigne toute la surface de la commune. Nous pensons qu'il en résulterait au moins en moyenne 200 francs de revenu de plus par hectare sur toutes les classes de terre ; ce serait donc, pour Gennevilliers seul, un supplément de revenu annuel de 250,000 francs environ et, en comptant la section D d'Asnières plus de 300,000 francs; et, remarquons-le bien, ces 300,000 francs qui reviendraient en plus annuellement aux propriétaires sont indépendants de l'augmentation de revenu qu'en tirerait le fermier.

La conclusion qui ressort de cette étude s'impose d'elle-même. Les terres précédemment incultes sont devenues des champs fertiles, et l'examen détaillé que feront les autres sous-commissions montrera, dans cet ordre d'idées, tout ce que peuvent produire en culture agricole, en culture maraîchère, ces terres autrefois arides et désolées. Mais pourtant il faut remarquer que malgré l'inexpérience des habitants pour les meilleurs procédés de culture à l'eau d'égout, malgré l'ignorance des espèces végétales auxquelles ce genre de culture est particulièrement propre, environ 400 hectares de terres sont irriguées aujourd'hui et que le succès a toujours accompagné ces tentatives. N'est-ce pas là le meilleur *criterium* de cette grande expérience ? Comment, du reste, pourrait-il en être autrement alors que les exemples que nous avons cités prouvent que partout les irrigations d'eau pure ont amené avec elles la richesse et la fécondité, que l'emploi des eaux d'égout en Angleterre a lui-même toujours procuré d'abondantes récoltes, sources d'importants bénéfices dès que les frais d'établissement des égouts collecteurs et des élévations d'eau ont été amortis ?

La preuve de l'utilité des eaux est donc incontestable. Leur emploi en irrigation est toujours une source de profit, et nous n'avons pas le moindre doute que les champs irrigués par ce moyen n'acquièrent tous, dans un avenir prochain, une plus-value considérable les mettant au rang des meilleures terres des environs de Paris. Nous croyons donc que, loin de repousser ces eaux, tous ceux qui, sans parti pris, auront étudié le parti qu'ils en peuvent tirer, n'hésiteront pas à étendre la zone des parcelles irriguées. Leur intérêt le leur conseille ; les documents que nous avons rassemblés ici ne laissent pas subsister le moindre doute à cet égard.

ANNEXE N° 15

Extrait du Rapport de M. Vilmorin à la 1re Sous-Commission chargée d'étudier les procédés de culture horticole à l'aide des eaux d'égout. (*Pages 12 et 13.*)

3° Influence des arrosements à l'eau d'égout sur le rendement en argent des terres irriguées.

Non-seulement l'emploi des eaux d'égout a exercé une influence des plus heureuses sur le rendement des cultures potagères, mais il a rendu possibles ces cultures dans des terrains qui y étaient autrefois absolument impropres. On peut dire par suite que les eaux ont augmenté le produit en argent des terres plus que leur produit en nature. Il suffirait pour démontrer cette augmentation, d'indiquer le fait parfaitement constaté que des terres, louées de 80 à 110 francs avant 1870, trouvent preneur aujourd'hui à 350, 400 et 450 francs l'hectare. Avant que les eaux fussent amenées dans la plaine, quelques portions restaient absolument incultes, tant la nature poreuse du sol composé de sable et de gravier et l'influence désastreuse des sécheresses rendaient la culture peu profitable. Le reste des terres était consacré à la grande culture et donnait des médiocres récoltes de seigle et d'avoine, ne dépassant guère 12 à 15 hectolitres à l'hectare. C'est encore aujourd'hui tout ce que produisent les terres analogues non irriguées. Dès que les eaux ont été mises à la dispositions de la culture, les rendements se sont élevés à 25 hectolitres et plus ; le blé, la luzerne ont commencé à être cultivés avec succès ; mais bientôt la grande culture a fait place, à une grande partie du moins, à la production de gros légumes en plein champ, et le produit brut en argent d'un hectare s'est élevé à 3,000, 4,000, 5000 francs et même davantage. Les chiffres suivants représentent la valeur moyenne des diverses récoltes sur pied, et il ne faut pas perdre de vue que le même terrain peut porter deux et parfois trois récoltes dans la même année :

Choux	Fr.	3 à 4.000
Choux-fleurs		5 à 10.000
Carottes		3.000
Menthe		4 à 5.000
Artichauds		5 à 6.000
Oignons		3.500
Absinthe		4 à 5.000

C'est en moyenne un produit brut d'au moins 4,000 francs l'hectare ou 0,40 c. par mètre carré, produit précisément égal à celui qui s'obtient couramment aux environs de Saint-Denis et d'Aubervilliers, dans la plaine des Vertus, restée le principal centre jusqu'ici de la production des légumes en plein champ.

Le rendement en argent des cultures irriguées est, il est vrai, inférieur à celui qui s'obtient par la culture des mêmes produits dans les jardins maraîchers proprement dits, où le mètre carré rapporte de 2 fr. 20 c. à 2 fr. 25 c. par an, mais moyennant des dépenses de main-d'œuvre, de fumier et d'arosage dont les terres irriguées à l'eau d'égout sont absolument affranchies. Ce n'est pas, du reste, comme nous l'avons dit, à ce genre d'exploitation tout spécial, mais à la production des légumes en plein champ qu'il faut comparer ce qui se fait à Gennevilliers, et ce n'est pas un mince résultat que d'y voir obtenir, sur des terrains naguère incultes, des rendements bruts égaux à ceux que donnent des sols parvenus depuis longtemps au plus haut point de fertilité que puisse atteindre des terres non irrigables.

Il est bon d'ajouter ici que les légumes cultivés à Gennevilliers se vendent à la Halle au même prix que les produits similaires d'Aubervilliers et de Saint-Denis, ce qui est la confirmation du jugement émis par votre Sous-Commission sur la qualité des produits obtenus dans les cultures arrosées à l'eau d'égout.

Il résulte qu'un système de culture qui présente de tels avantages ne saurait être trop largement mis en pratique. Dans la suite de son travail, votre Sous-Commission va examiner quels déve'oppements la culture potagère arrosée à l'eau d'égout est susceptible de prendre aux environs de Paris, et quelle quantité d'eau elle peut absorber ; elle étudiera enfin quels sont les procédés et dans quelles conditions il est désirable de la voir se pratiquer à l'avenir.

La Ville de Paris offre gratuitement aux cultivateurs une valeur, en engrais et en eau, extrêmement importante. Si nous voulions invoquer les chiffres cités par M. Frankland, en Angleterre, nous n'évaluerions pas la valeur de cet engrais seul, abstraction faite de l'eau, à moins de 2,000,000 de francs par an, et, quoique ce chiffre soit excessif, les propriétaires de Gennevilliers peuvent prendre la part qui leur convient dans cette richesse qui leur est offerte gratuitement. Aucun fait analogue, ne l'oublions pas, au point de vue de cette gratuité, ne s'est jusqu'ici présenté, soit en Angleterre, soit même en France. Nous sommes donc convaincus que les idées vraies et justes, touchant l'utilité de ces eaux, pénétreront sans trop de difficulté dans l'esprit des cultivateurs avoisinant Paris. Il ne faut pas oublier, au reste, l'histoire est là pour l'attester, que tous les travaux de cette nature ont toujours soulevé des réclamations dont le temps s'est chargé de faire justice, et ont été souvent mal jugés par les contemporains qui n'en comprenaient complétement ni le but ni la portée. C'est ainsi, par exemple, que le canal d'irrigation établi dans le midi de la France, il y a plus de trois siècles, par Adam de Crapponne, lequel fait encore aujourd'hui la richesse d'une partie du département des Bouches-du-Rhône, n'a valu à son glorieux auteur que tourments, jalousies et persécutions, qui ont abrégé sa vie. Mais il appartient à notre époque, mûre pour toutes les grandes questions de travaux publics, de comprendre plus vite l'utilité de semblables mesures et de s'associer résolument à l'achèvement de cette grande œuvre de salubrité publique. La vérité se fait jour plus facilement en présence de la diffusion même des connaissances et du morcellement de la propriété.

L'intérêt des propriétaires, des locataires, est donc d'accepter avec empressement ces eaux fertilisantes. La Ville de Paris, de son côté, a compris plus largement ses obligations que ne l'ont fait en général les villes anglaises. Elle a fait tous les travaux de collection, d'élévation, de distribution d'eau et pourvoit à leur dépense journalière sans rien exiger, quant à présent, de ses preneurs. Le système anglais, qui consiste à dépenser de grosses sommes que l'on amortit rapidement, n'a pas été suivi par elle. Elle a compris qu'un tel travail, ne dût-il jamais être amorti et constituer tous les ans une charge budgétaire, était de ceux qui s'imposaient comme l'entretien, le balayage des voies publiques, etc. Mais si, pour un travail d'une importance aussi considérable que l'utilisation complète des eaux d'égout, la ville de Paris s'est franchement engagée dans la voie qui paraît jusqu'ici la plus sûre, pour la conduire au but, il n'en est pas moins vrai qu'une telle entreprise ne saurait réussir, si elle ne rencontre... le concours intelligent et actif des cultivateurs des environs de Paris. Nous ne saurions donc trop insister sur la solidarité d'intérêts qui unit la ville de Paris et les propriétaires de sols irrigables. Si la Ville, en effet, est dans l'obligation de cesser d'infecter la Seine, et n'hésite pas, pour arriver à ce but, à dépenser des sommes considérables, d'un autre côté tous les habitants des régions en aval de Paris, propriétaires et cultivateurs, ont le plus grand intérêt à voir disparaître le plus tôt possible ce fâcheux état de choses et, lorsque ce résultat peut s'obtenir en améliorant considérablement leurs terres, nous ne comprendrions pas le prétexte d'une opposition. Notre vœu, en terminant ce rapport, est donc de voir cesser un antagonisme qui n'a aucune raison d'être; la ville de Paris a besoin des cultivateurs et des propriétaires, comme ceux-ci ont besoin d'elle pour accroître leurs revenus, et l'intérêt commun doit faire oublier une opposition qui ne peut provenir que d'ignorance ou de constatations inexactes, et qui sera certainement, dans quelques années d'ici, un sujet d'étonnement pour tous ceux qui verront la fertilité des terres irriguées.

ANNEXE N° 16

Lettre de M. Dumas à l'Académie des sciences du 17 février 1872.

Combien M. Dumas nous semblait mieux inspiré lorsqu'il nous écrivait à la date du 17 février 1872 :

« Monsieur, en ma qualité de Président du Conseil municipal de » Paris, j'ai toujours cherché à faire prévaloir les deux opinions suivantes :

« 1° La Ville de Paris n'a pas le droit d'infecter la Seine en y déversant » le produit de ses égouts ;

« 2° L'eau des égouts est susceptible d'une application agricole importante, » soit comme eau d'irrigation, soit comme engrais.

« Je verrais donc, avec la plus entière satisfaction, poursuivre et mener » à bien l'utilisation agricole des eaux d'égouts ; l'hygiène de la Ville, la » prospérité des campagnes environnantes, la pureté du fleuve et le res- » pect des droits des riverains y trouveraient un égal profit.

« Paris recevrait par son système artériel les eaux les plus pures du » monde ; par son système veineux, il rendrait à la terre tous les éléments » de fertilité qu'il en aurait tirés, et au fleuve, une eau filtrée dépouillée » de tous principes de corruption.

« Permettez-moi d'exprimer le regret que des lenteurs inévitables dans » des études de cet ordre ne m'aient pas permis d'en voir le terme ; je » m'étais flatté que je contribuerais jusqu'à la conclusion, à doter Paris des » eaux de la Vanne et à doter l'agriculture des eaux d'égout. Que d'autres » plus heureux, mènent à leur fin ces belles et profitables entreprises. »

Signé : DUMAS.

ANNEXE N° 17

Extrait de l'ouvrage de M. C. de Freycinet (Emploi des Eaux d'égout en France et à l'Étranger). (*Pages 128 et 129.*)

L'eau d'égout doit être répandue sur les terres cultivées, telle qu'elle sort des villes, sans traitement ni préparation d'aucune sorte, ou, comme on dit, à l'état naturel. La seule précaution à prendre, c'est, à l'aide d'un grillage, d'éliminer les corps encombrants ; quant aux matières en suspension elles ne font point obstacle à l'élévation mécanique des eaux ni à leur distribution dans des canaux.

Divers motifs établissent la supériorité de cette méthode :

1° De tous les moyens de transporter les éléments fertilisants contenus dans l'eau d'égout, le plus simple et le plus économique est souvent de faire couler cette eau elle-même aux lieux de consommation ;

2° L'eau d'égout présente l'engrais sous la forme la mieux appropriée à la végétation. L'expérience prouve, en effet, que dans les villes bien drainées et bien pourvues d'eau alimentaire, les matières fertilisantes, tout naturellement et par la force même des choses, se trouvent délayées au point que réclame la nature. Ni trop pauvre, ni trop riche, l'engrais peut être immédiatement absorbé par les plantes, sans qu'il soit besoin de l'affaiblir ou de le renforcer. D'ailleurs cet engrais se suffit à lui-même, c'est-à-dire que le liquide d'égout, à l'état naturel, renferme dans un juste équilibre tous les éléments nécessaires aux récoltes ;

3° La végétation est l'instrument le plus puissant et le moins coûteux pour obtenir la séparation des principes fertilisants. Nul traitement artificiel n'utilise ces principes en aussi forte proportion, et par conséquent ne livre aux rivières des eaux aussi bien purifiées. C'est seulement après avoir subi l'action purificatrice des plantes que les liquides d'égout peuvent être impunément déversés dans les cours d'eau ;

4° Le mode de séparation par les végétaux, non-seulement ne développe pas les odeurs des traitements artificiels, mais même arrête celle qu'exhalent naturellement les liquides d'égout. Le contact de la plante produit, en effet, une désinfection immédiate, et il semble que les principes odorants soient les premiers fixés.

ANNEXE N° 18

MINISTÈRE DES TRAVAUX PUBLICS

ASSAINISSEMENT DE LA SEINE

Extrait des conclusions du rapport de la Commission chargée de proposer des mesures à prendre pour remédier à l'infection de la Seine aux abords de Paris. — *(Page 22.)*

2° Pour remédier à l'infection de la Seine par les eaux des collecteurs de Paris, le moyen le plus efficace, le plus économique et le plus pratique consiste dans le déversement de ces eaux par irrigations sur un sol suffisamment perméable; des cultures très-diverses, surtout les cultures maraîchères, trouvent dans ces eaux l'humidité et l'engrais qui leur sont nécessaires.

Les expériences faites dans la plaine de Gennevilliers sont entièrement concluantes pour démontrer non-seulement la puissante végétation produite par les arrosages, mais encore leur innocuité sous le rapport de la salubrité, ainsi que la parfaite épuration des eaux qui arrivent à la rivière après avoir traversé un sous-sol naturellement perméable ou convenablement drainé. Il est d'ailleurs prouvé que les matières en suspension sont retenues dans la couche supérieure du sol cultivé; tout porte à croire que les matières organiques azotées sont absorbées par la végétation, ou oxydées par le sous-sol, qui conserve indéfiniment sa perméabilité.

ANNEXE N° 19

ASSAINISSEMENT DE LA SEINE

Extrait de l'avis du Conseil général des ponts et chaussées. — *28 juin 1875.*

11. — Pour remédier à l'infection de la Seine par les eaux des égouts de Paris, on doit regarder comme le plus efficace, le plus économique et le plus pratique de tous les moyens actuellement connus, celui qui consiste dans l'emploi de ces eaux à l'irrigation des cultures et dans leur traitement par infiltration à travers un sol suffisamment perméable.

ANNEXE N° 20

Extrait du Medical Times and Gazett. (*Septembre 1878.*)

Nous n'avons plus qu'à considérer l'influence des irrigations sur la santé des populations qui vivent dans le voisinage. C'est à ce point de vue spécialement que les projets ont été attaqués par les personnes qui y sont opposées pour des raisons personnelles ou autres. On a prétendu, sur l'autorité de plusieurs médecins, que depuis le commencement des irrigations, quelques maladies s'étaient déclarées, ou que, si elles existaient avant, elles étaient devenues plus fréquentes et plus graves dans la presqu'île de Gennevilliers. Une accusation aussi importante devint le sujet de recherches très-minutieuses de la part de l'autorité, qui nomma une Commission spéciale. On se plaignait principalement de l'état endémique de la dyssenterie, de la fièvre intermittente et de plusieurs sortes de vers intestinaux. Les plaintes sur la dyssenterie furent immédiatement trouvées sans fondement, mais la question de l'augmentation de la fièvre était plus difficile à résoudre. La preuve a été véritablement faite que cette maladie avait toujours existé à Gennevilliers, quoiqu'il y ait une légère augmentation dans la première des quatre années qui suivirent l'établissement en grand des irrigations. C'est un fait bien connu que, pour produire la fièvre, il faut une eau stagnante et que dans les irrigations faites avec soin, l'eau ne séjourne jamais sur la terre et que par conséquent, il n'y a aucune raison pour prétendre qu'elles sont cause de cette maladie. On sait pertinemment qu'il y a un certain nombre de mares dans la presqu'île de Gennevilliers, mais il a été prouvé que cette surélévation de la nappe souterraine est produite par un changement dans le niveau de la Seine, changement amené par la construction d'un nouveau barrage établi un peu en aval. La commission spécialement nommée pour faire une enquête à ce sujet a émis l'avis que, en distribuant l'eau modérément et en faisant un drainage suffisant pour élever le trop plein des eaux, il n'y avait aucune raison pour penser que l'eau resterait à la surface du sol; elle ne vit aucune apparence de marécage dans les terrains irrigués et elle conclut en constatant que les faits apportés par les opposants n'avaient aucune base sérieuse. Quant à l'augmentation des cas de tœnia, la recherche en était d'une grande difficulté et aucune opinion ne fut émise.

Tous ceux qui assistèrent à l'excursion faite à Gennevilliers constatèrent que l'odorat était, à certains endroits, affecté par l'odeur du *sewage*, mais les amis et les ennemis des irrigations n'y attachèrent pas une grande importance. Car on peut facilement admettre que, lorsqu'une proportion beaucoup plus petite de liquide sera répartie sur un hectare, cet inconvénient disparaîtra.

On voit donc que les Parisiens sont près de résoudre ce grand problème de l'emploi du *sewage* sans inconvénients pour eux-mêmes ou leurs voisins et avec l'avantage d'une certaine économie. Tous ceux qui s'occupent des progrès de la science de l'hygiène suivront avec un grand intérêt le nouveau développement de ce système.

ANNEXE N° 21

Extrait d'un Rapport de M. Delpech, sur le drainage et l'irrigation dans la plaine de Gennevilliers.

On peut dès l'abord affirmer que les odeurs répandues par les irrigations d'eau d'égout déjà aussi étendues en surface sont loin d'être aussi pénibles aujourd'hui surtout et après les améliorations introduites dans la distribution des eaux, que l'on pourrait le croire théoriquement. Mais ce n'est pas à dire qu'elles ne constituent absolument aucune incommodité.

On peut remarquer toutefois que dans les territoires voisins livrés à la culture et non irrigués où déposent des masses considérables de gadoue solide destinée à fumer le sol et qui répandent une odeur souvent plus fétide que les eaux d'égout elles-mêmes.

On ne peut toutefois perdre de vue que dans un avenir plus ou moins prochain celles-ci seront mêlées à la plus grande partie des produits liquides et solides des fosses d'aisances et qu'elles pourront devenir alors une cause plus puissante d'odeur désagréable.

Quant à l'action que, versée sur la terre en couches épaisses, elles exercent sur la salubrité par la diffusion des miasmes morbigènes, il est facile d'établir qu'à une certaine époque des fièvres intermittentes qu'on était en droit de leur attribuer, ont régné dans le village de Gennevilliers. Mais si ces accidents n'ont pas disparu d'une manière absolue, ils ont diminué dans une telle proportion, qu'il a y lieu d'espérer que le perfectionnnement toujours progressif des méthodes de culture dont l'action est déjà évidente et un meilleur aménagement des eaux les feront complétement disparaître.

ANNEXE N° 22

Extrait du dire des Experts nommés à l'occasion du procès intenté par la commune de Gennevilliers à la ville de Paris. *(Pages 154-155.)*

2° S'il s'est manifesté dans la qualité des eaux de puits une altération imputable à ce déversement.	Sous les réserves qui ont été faites nous disons : NON, pendant la période de nos observations il ne s'est pas manifesté dans la qualité des eaux de puits une altération imputable à ce déversement.
3° Si les eaux d'égout répandent une mauvaise odeur.	OUI, pendant la période d'observations, les eaux d'égout ont répandu une mauvaise odeur, mais à peine appréciable.
4° Si elles répandent des émanations susceptibles d'occasionner des fièvres intermittentes.	NON, pendant la période d'observations les eaux d'égout n'ont pas répandu d'émanations susceptibles d'occasionner des fièvres intermittentes.

ANNEXE N° 23

Extrait du Rapport lu par M. Proust au Congrès international d'hygiène de Paris (août 1878).

Je conclus donc, en me basant sur l'expérience de tous les pays et des temps les plus anciens, que les fièvres intermittentes de la plaine de Gennevilliers doivent être attribuées à ces eaux stagnantes et croupissantes, et non pas à ces eaux d'irrigation, qui sont incessamment en mouvement. D'où cette conclusion dernière, qu'il faut prévenir la stagnation à la surface et dans les profondeurs par un drainage en rapport avec les nécessités des écoulements. Une fois ce travail exécuté, les irrigations de l'eau d'égout ne pourront plus donner lieu à aucune plainte, puisqu'il est démontré par une expérience déjà très-étendue, que partout où on les a employées, elle se sont toujours montrées inoffensives pour la santé publique.

Nous discuterons à présent la production des *entozoaires*.

Les irrigations de Gennevilliers, a-t-on dit, doivent être regardées comme une des causes de la proportion plus considérable de tœnia qu'on observe à Paris depuis quelque temps.

Les eaux d'égout, renfermant des débris de produits excrémentitiels, pourraient déposer sur les légumes qu'elles arrosent des œufs de tœnia, qui, avalés par les Parisiens, provoqueraient, dans leurs intestins, l'apparition du ver solitaire; mais on a oublié que le tœnia de l'homme ne peut engendrer le tœnia chez un autre homme, qu'en passant par une génération alternante qui, pour le tœnia solium, ou armé, a le porc pour intermédiaire.

Le cysticerque du porc ladre donne à l'homme le tœnia solium et les cucurbitins, proglottis, ou anneaux mûrs de ce dernier produisent la ladrerie du porc.

Le porc, en engloutissant les cucurbitins du tœnia au milieu des matières excrémentitielles déposées au dehors dans la campagne, arrive à être farci de cysticerques; et de plus, comme les porcs avalent les excréments les uns des autres, les œufs ingérés par un premier animal et qui n'ont pas eu le temps de se développer dans un intestin, sont repris par un autre porc. C'est encore en buvant dans les mares, où les cucurbitins et surtout les œufs de tœnia ont été entraînés par la pluie, que les porcs contractent la ladrerie. Les œufs protégés par une coque épaisse, offrent une résistance très-grande, et leur développement peut encore se montrer après un temps considérable.

Il faudrait donc pour que les irrigations de Gennevilliers fussent la source d'une génération de tœnia solium, qu'elles fussent à chaque instant visitées par des porcs.

Or, nous n'en avons jamais rencontré.

Sans doute, le porc n'a pas seul la faculté de devenir ladre par l'injection des œufs de tœnia solium.

Les irrigations de Gennevilliers pourraient donc produire la ladrerie humaine, ce dont on ne les a pas encore accusées, mais jusqu'ici il nous paraît impossible de les incriminer au point de vue de la production du tœnia solium.

D'ailleurs en Ecosse, depuis les irrigations de la ferme de Craigentinny, les médecins des hôpitaux d'Edimbourg trouvent plutôt moins de cas de tœnia qu'il n'y en a dans les autres hôpitaux. Ce fait est signalé dans l'enquête du docteur Frankland.

Ce que nous venons de dire du tœnia solium ou tœnia armé est également applicable au tœnia inerme ou tœnia mediocanellata. Ce dernier est aussi soumis à une génération alternante, et le cysticerque qui le produit est celui du bœuf ou du veau ladre.

Si donc, les irrigations de Gennevilliers étaient la cause du nombre de tœnia mediocanellata devenu depuis quelque temps beaucoup plus considérable dans les hôpitaux, il faudrait que ce tœnia, pour être nuisible, passât par l'intermédiaire obligé du bœuf ou du veau, et nous n'avons pas vu à Gennevilliers plus de bœufs et de veaux que de porcs.

ANNEXE N° 24

Extrait du rapport présenté par M. Schlœsing à la Commission d'enquête de la Seine au point de vue de la salubrité. (*Pages 66, 67, 68.*)

Considérons maintenant les matières insolubles déposées par les eaux à la surface des champs irrigués. La Commission a déjà donné son opinion à leur sujet, quand elle a rendu compte de ses visites dans la plaine de Gennevilliers ; mais il convient d'y revenir.

Estimons leur quantité d'abord.

1 mètre cube d'eau d'égout contient environ :

1 k 400 matières minérales insolubles,
0 750 matières organiques insolubles.

Total : 2 k 150.

Quand on arrose un hectare à raison de 50,000 mètres cubes, chaque mètre superficiel reçoit 5 mètres cubes d'eau et arrête à sa surface les matières insolubles contenues dans ces 5 mètres, soit :

7 k 000 matières minérales,
3 750 matières organiques.

Total : 10 k 750.

Ainsi, chaque mètre superficiel arrête dans une année 10 k. 750 de matières insolubles contenant 3 k. 750 de matières organiques, les seules qui puissent devenir insalubres. Ces matières, étalées, formeraient une couche de 1 centimètre d'épaisseur. Si l'on déposait en une fois et pour toute l'année une semblable couche sur une surface de 1 mètre carré, la fermentation putride pourrait bien s'y établir quelque temps ; toutefois, la couche serait bientôt pénétrée par l'air, oxydée, et la putréfaction serait enrayée. Mais les choses ne se passent pas de la sorte ; les dépôts ont un développement graduel, en raison de la succession des arrosages : si l'on irrigue 100 fois dans une année, c'est le 1/100 de 10 k. 750 qui se dépose chaque fois sur chaque mètre superficiel de terrain, soit 107 grammes ; le dépôt est ainsi formé de couches successives. Quand une couche nouvelle s'ajoute aux anciennes, celles-ci sont à l'état de feutre perméable à l'eau et surtout à l'air. La fermentation putride ne s'établit point dans un pareil milieu, et il est absurde de confondre, comme on le fait, l'état de ces matières quand elles sont exposées à l'air et baignées d'oxygène, avec l'état qu'elles affectent quand elles sont enfouies dans la vase, au fond de la Seine. Tomber dans une pareille confusion, c'est prouver qu'on ne sait pas distinguer la combustion lente, inoffensive, au contact de l'air, de la putréfcation sous l'eau.

Peut-on craindre que ces dépôts, accumulés d'année en année, ne finissent par former à la surface des champs une couche immonde de détritus organiques, source d'émanations insalubres? En aucune façon : personne ne craint que la gadoue, le fumier, les vidanges ne constituent à la longue une semblable couche dans les terres labourées, parce que personne n'ignore que tous ces produits, d'origine organique, y sont brûlés et disparaissent. Les matières organiques suspendues dans les eaux d'égout ont le même sort : les prés d'Edimbourg, de Lausanne, de Novare, après des irrigations séculaires à l'eau d'égout, ne diffèrent point, quant à la nature et à la salubrité de la couche superficielle de terre végétale, des prés irrigués avec l'eau ordinaire.

En résumé, quand un terrain est poreux, convenablement drainé, irrigué à l'eau d'égout, même à la dose de 50,000 mètres cubes, mais avec les soins qu'exige l'épuration par le sol, il n'y a aucun danger que ce terrain devienne jamais un marais ou un dépotoir, ni que la salubrité de l'air ait à souffrir de son voisinage.

Il y aurait fort à faire s'il fallait discuter toutes les erreurs qui égarent l'opinion publique dans la question de l'emploi des eaux d'égout. Il faut avouer que le sujet se prête singulièrement aux exagérations : le dégoût naturel pour les résidus de la vie conduit si facilement à accepter tout ce qui se dit et s'écrit sur l'insalubrité et l'infection qui en paraissent inséparables! Les termes les plus énergiques sont employés pour peindre l'état présumé du sol et de l'asmosphère quand les projets de la Ville seront accomplis : marais pestilentiels, *Agro romano*, cloaques, dépotoirs, voilà ce que deviendront les communes irriguées, et la forêt de Saint-Germain en particulier. Chose remarquable, lorsque les immondices de Paris sont concentrées, réunies en tas de gadoue au milieu des champs voisins des villes, et abandonnées à une fermentation putride intense, il n'y a point de danger d'infection ; l'odeur est très-supportable. Et, quand ces immondices sont noyées dans 500 à 1,000 parties d'eau pour 1 de matière, alors l'odeur est infecte, la campagne est empoisonnée, et l'insalubrité atteint son dernier terme !

Les erreurs tomberont un jour devant l'évidence des faits. Mais dès maintenant, la Commission doit déclarer sa conviction que l'insalubrité n'est à craindre en aucun point du parcours du canal projeté, pourvu que toutes les précautions soient prises quant à la distribution des eaux d'égout et à l'évacuation des eaux épurées.

ANNEXE N° 25

Extrait du Rapport de M. Belgrand sur l'épuration et l'utilisation des eaux des égouts.

La culture des prairies naturelles et l'industrie du laitage si nécessaire aux abords d'une ville comme Paris, prendront donc un grand développement dès qu'on y appliquera l'arrosage par l'eau d'égout. On sait qu'à Edimbourg cette industrie a déjà une existence séculaire grâce à l'emploi des eaux d'égout. Si dans le voisinage de Paris elle n'existe pour ainsi dire pas, c'est que les terrains *imperméables* y sont fort rares, et que l'arrosage des terrains *perméables* par l'eau d'égout n'est encore qu'à son début. C'est surtout dans la partie basse de la forêt de Saint-Germain que cette industrie doit se développer ; ce terrain ne sera jamais une *contrée de villégiature;* si l'État le vendait en petits lots, comme on a fait dans tant d'autres localités nous partagerions l'avis de la commission, il donnerait un détestable exemple. Mais si on le met à la disposition de la Ville dans un but de haute utilité comme l'assainissement de la Seine, peu de personnes regretteront les tirés et leurs bandes de lapins, surtout si on les remplace par des étables bien garnies de vaches laitières.

. . . .

. . . .

Nous ne cherchons pas à analyser le remarquable rapport de la Commission, tout le monde voudra lire l'œuvre de M. Schlœsing qui, aujourd'hui en pareille matière, a en France la même autorité que M. Frankland en Angleterre. Nous nous bornerons à en extraire les passages qui en forment pour ainsi dire la base.

Le rapport fait ressortir d'abord l'erreur dans laquelle tombent tous ceux qui, jusqu'ici, se sont occupés de cette question, et notamment la Commission de Seine-et-Oise. Ils confondent l'épuration des eaux d'égout avec leur utilisation. Les expériences de M. Frankland à Merthyr Tydfil ont prouvé que dans un terrain convenablement préparé, on peut épurer sans inconvénient de 180 à 240,000 mètres cubes d'eau d'égout par hectare et par an. Les irrigations de Gennevilliers épurent 50,000 mètres cubes sur la même surface ; à ce compte, l'épuration des cent millions d'eau d'égout que Paris produit par année n'exigerait que 2,000 hectares de terrain. La ville de Paris n'est pas tenue à autre chose ; il suffit en effet qu'elle ne verse dans la Seine *que des eaux complétement limpides et dépourvues de matières organiques. Personne ne saurait lui imposer autre chose.*

La Commission fait observer avec raison que jusqu'ici les grandes villes notamment Edimbourg, qui pratiquent l'irigation avec les eaux d'égout depuis 200 ans n'ont fait que de l'épuration.

p 6 89

IMPRIMERIE CENTRALE DES CHEMINS DE FER. — A. CHAIX ET Cie, RUE BERGÈRE, 20, A PARIS — 6589-9.

www.ingramcontent.com/pod-product-compliance
Ingram Content Group UK Ltd.
Pitfield, Milton Keynes, MK11 3LW, UK
UKHW020317220726
13923UKWH00003B/1198